Christine Kempkes

Abschied gestalten

humboldt

Für meine Mutter,
die mir täglich zeigt, wie es möglich ist,
die letzte Lebensstrecke
mit Würde, Klarheit und Humor zu gehen.

INHALT

Geleitwort 8

Vorwort 10

Wenn die Welt aus den Fugen gerät 16

Konfrontation mit der eigenen Endlichkeit 16
Angst, deine neue Gefährtin 17
Der Angst einen Namen geben 19
Raus aus der Starre 20
Vom Druck, alles richtig machen zu wollen 21
Selbstmitgefühl ganz praktisch 21
Mit den eigenen Kräften haushalten 22
Die Bettkantenentscheidung 23
Gesund Grenzen setzen 24
Vier Entscheidungsfilter 25
Warum Selbstfürsorge nichts mit Egoismus zu tun hat 26
Vorweggenommene Trauer 27
Traueraufgaben statt Trauerphasen 28
Die Unterschiedlichkeit der Trauer aushalten 33
Ungeliebte Gefühle 34
Abschied will gelernt sein 42
Wir kommen hier alle nicht lebend raus 43
Rede ich den Tod herbei? 44
Leben bis zuletzt 45
Grenzen erkennen und wahren 47
Sowohl-als-auch statt Entweder-oder 48
Mit allen Sinnen fühlen 50
Um wen geht es eigentlich? 51
Wenn die Krankheit den Menschen verändert 51
Wer oder was trägt mich jetzt? 53
Hilfreiche und weniger hilfreiche Menschen 53

Ein Netz vielfältiger Unterstützung ... 54
Professionelle Begleitung ... 56
Spiritualität am Lebensende ... 60
Was kann, was darf, was möchte ich glauben? ... 61
Was wir aus Nahtoderfahrungen lernen können ... 61
Könnte es sein, dass wir im Tod gar nicht allein sind? ... 63
Und wenn doch nichts nach dem Tod kommt? ... 64
Was trägt in dieser fragilen Zeit am Lebensende? ... 65
Notfallübungen ... 66
Butterfly Hug – Schmetterlingsumarmung ... 66
Die Atmung beruhigen ... 68
Imagination deines sicheren Ortes ... 70

Miteinander reden **74**

Das große Schweigen ... 75
Der erste Schritt: Das Gute würdigen ... 77
Den Gesprächseinstieg finden ... 78
Hilfreiche Rituale ... 80
Mehr fragen als sagen ... 81
Die Kunst des Zuhörens ... 83
Die Kunst, sich einzufühlen ... 84
Sich schrittweise an den Kern herantasten ... 85
Wenn nur eine Seite sprechen möchte ... 86
Was tun bei unrealistischen Hoffnungen? ... 87
Humor als Katalysator ... 89
Humor gibt Wind unter die müden Flügel ... 90
Offene Baustellen ... 92
Im Angesicht des eigenen Todes: Der Blick zurück ... 93
Wenn Konflikte dein Herz schwer machen ... 93
Unausgesprochenes aussprechen ... 94
Konflikten ins Auge schauen ... 94
Reden – aber wie? ... 95

Ho'oponopono – ein Vergebungsritual 97
Wenn die andere Konfliktpartei bereits verstorben ist 99

Kinder einbeziehen **100**

Zutrauen statt zumuten 101
Die Last des Ungesagten 101
Wie du Kinder stärken kannst 102
Kinder haben ein Recht auf Information 103
Die Kompetenz der Kinder achten 104
Trauer zeigt sich ganz unterschiedlich 105
Im Gespräch bleiben 106
Achte auf deine Formulierungen 107
Deine Gesprächsbereitschaft ist das A und O 108
Die wichtigste Botschaft: „Du bist nicht schuld" 109
Du bist das Muster, an dem Kinder sich orientieren 109
Den Bedürfnissen Raum geben und mitgestalten 111

Erinnerungen schaffen **112**

Erleben 113
Die eigenen Ressourcen und Bedürfnisse wahren 114
Bewusste Abschiede 114
Schreiben 115
Briefe an die Lieben 116
Deine Lebensrückschau 116
Video/Audio 118
Gespräche am Lebensende 118
Botschaften an die Zurückbleibenden 119
Weitere kreative Gestaltungsmöglichkeiten 120
Erinnerungskiste 120
Fotobuch 120
Lieblingsrezepte 121
Playlist 121
Erinnerungsschmuck 122

Die finale Lebensphase 123

Vom Segen der Palliativmedizin 123
Palliativ versus kurativ 123
Bestmögliches Leben 124
Wann ist es Zeit für eine palliative Begleitung? 131
Krankenhaus, Hospiz oder doch zu Hause? 132
Palliativversorgung kommt überall hin 133
Eine anspruchsvolle Entscheidung 138
Die letzte Wegstrecke 140
Kommunikation ohne Worte 140
Blickkontakt aufnehmen 141
Sinneswahrnehmung bis zuletzt 142
Letzte Wünsche erfüllen 143
Die Schwierigkeit loszulassen 144
Die Hand halten, ohne festzuhalten 144
„Du darfst gehen" 145
Der letzte Atemzug 146
Was jetzt zu tun ist 147
Abschied in aller Ruhe 148
Hausaufbahrung 149
Ärztliche Todesbescheinigung 150

Die Zeit bis zur Beisetzung 152

Bestattungs- und Grabarten 154
Fragen, auf die ihr Antworten finden solltet 155
Erd- oder Feuerbestattung 156
Der Klassiker: Friedhof 157
Bestattungswald 158
Seebestattung 159
Luftbestattung 159
Die Trauerfeier als zentrales Abschiedselement 160
Religiöser Ritus oder freie Zeremonie? 160

Wo soll die Trauerfeier stattfinden? . . . 162
Welche Musik soll gespielt werden? . . . 163
Welche Dekoration ist passend? . . . 164
Weitere Texte oder Wortbeiträge . . . 165
Trauer- und Abschiedsrituale . . . 166
Wie kommt der Sarg oder die Urne zum Grab? . . . 167
Verbindung für die, die nicht dabei sein können . . . 167
Weitere Gestaltungsmöglichkeiten . . . 168
Abschiednahme am offenen Sarg . . . 168
Sarg- bzw. Urnenbeigaben . . . 170
Sarg oder Urne selbst gestalten . . . 171
Kerze gestalten . . . 172
Traueranzeige in der Zeitung . . . 173
Kleine Zeremonie im Krematorium . . . 173

Rechtliches 174

Vorsorgevollmacht . . . 175
Hinterlegung im zentralen Vorsorgeregister . . . 176
Patientenverfügung . . . 176
Notfallordner: Alles auf einen Griff . . . 179
Notfalldose . . . 180
Testament . . . 181
Digitaler Nachlass . . . 182
Bankkonten . . . 184

Dank 185

Anhang 188

Hilfreiche Adressen . . . 188
Quellenangaben und Literatur . . . 191

Register 193

GELEITWORT

Was für ein wundervolles Buch

Zum Thema Tod, Abschied, Sterben und Trauer gibt es eine fast erschlagende Vielzahl von Büchern, die meiste davon eher schwere Kost, nicht so dieses Buch.

Es ist trotz seiner großen inhaltlichen Dichte federleicht und mitreißend geschrieben, mit ganz vielen wunderbaren Bildern, unglaublich liebevoll formuliert und mit unendlich vielen hilfreichen Anknüpfungspunkten gespickt. Es gibt so vieles in diesem Buch zu entdecken – und das sage ich als gestandener Palliativmediziner, der seit über 20 Jahren ziemlich tief in diesen Bereich eingetaucht ist. An ganz vielen Stellen hatte auch ich meine Aha-Erlebnisse und werde einige der Ideen aus diesem Buch für meine eigene Arbeit nutzen bzw. auch an An- und Zugehörige weitergeben.

Ein Beispiel hierfür ist die Formulierung „Traueraufgaben“ statt „Trauerphasen“, weil es das, was vor einem liegt, viel besser beschreibt und alleine in dieser Formulierung schon ein kleiner Mutmacher steckt: in einer Phase steckt man drin, eine Aufgabe ist im besten Fall zu bewältigen. In diesem Kapitel formuliert die Autorin unter anderem auch einen extrem klugen und hilfreichen Abschnitt zum Thema Hoffnung: „Hoffnung bis zuletzt fühlt sich rückblickend wie ein Warteraum auf ein Wunder an. Und in diesem Raum sind Gespräche über den Tod und alles, was damit zusammenhängen könnte, leider tabu. Viele Menschen bereuen in der Rückschau, den Blick auf die Realität nicht geschafft zu haben.“

Auch bemüht sich die Autorin stets um positive Assoziationen. Diese finden sich in Formulierungen wie „sich dankbar erinnern als Traueraufgabe“ oder auch „die Unterschiedlichkeit der Trauer aushalten“. Die Autorin schreibt, dass ihre Oma gerne den Satz ‚Jeder ist anders komisch‘ gebraucht hat. Weiter heißt es, dass dieser Satz die Türe weit öffnet, hinter der sich Toleranz und Güte gerne verschanzen. Wir leben in einer zutiefst defizitorientierten Gesellschaft und so ist es umso erfrischender, auf ein Buch zu stoßen, das sich durch seine Ressourcenorientiertheit wohltuend davon abhebt.

Auch das Kapitel über den Umgang mit Kindern gefällt mir als Kinderarzt, Begleiter und „Anwalt“ von Kindern in schwierigen Situation und nebenbei auch noch Vater von fünf Kindern außerordentlich gut. Hier finden sich absolut treffende Formulierungen, wie schon die Überschrift „Zutrauen statt Zumuten“. Es ist eine unserer vornehmsten Aufgaben, insbesondere diese kleinen wundervollen Menschen nicht zu vergessen.

An keiner Stelle des Buches wird der moralische Zeigefinger erhoben, nie bekommt man das Gefühl, dass es nur den einen richtigen Weg gibt. Dieses Buch macht Mut, entlastet und schafft somit etwas, was vielen anderen Ratgebern nicht gelingt: es gibt Orientierung, ohne den individuellen Weg, den jeder selbst gehen muss, vorzugeben.

Dieses Buch ist ein Geschenk. Und ich wünsche diesem Buch den Erfolg und die Verbreitung, die es verdient!

Sven Gottschling
Chefarzt im Zentrum für altersübergreifende Palliativmedizin und Kinderschmerztherapie am Universitätsklinikum des Saarlands

VORWORT

Wenn ich dieses Leben überstehe, ohne zu sterben, wäre ich überrascht.

Mullah Nasreddin, Philosoph und Sufi

Wir werden alle sterben. Wenn eins im Leben klar ist, dann das. Genauso klar ist jedoch auch: Wir möchten uns nicht mit dem Lebensende beschäftigen. Wobei das auch eine wirklich paradoxe Angelegenheit ist: Aus der Ferne mit genügend Abstand betrachtet, können wir nämlich gar nicht genug vom Tod bekommen: In Filmen, Büchern, Podcasts darf gern viel Blut fließen, lieben wir den Nervenkitzel und erleben so einen Tod nach dem nächsten. Gleichzeitig sprießen Ratgeber zu den Themen Sterben und Tod geradezu aus dem Boden, es scheint also grundsätzlich ein wachsendes Interesse an diesen sogenannten „schweren Themen“ zu geben.

Aber unser eigenes Lebensende oder das unserer Liebsten? Den Gedanken daran schieben wir gern weit von uns. Zu schwer scheint uns das Thema, um damit unser schönes Leben zu belasten. Ohne Not und konkreten Anlass über das Sterben nachzudenken, das ist doch nur etwas für lebensmüde oder sehr alte Menschen. Sicher tragen auch die Errungenschaften der medizinischen Forschung dazu bei, dass wir über die letzten Jahrzehnte ein Gefühl von Unsterblichkeit entwickelt haben. Der Tod betrifft nur die anderen, gegen die eigenen Krankheiten wird es wohl irgendein Mittel geben.

Und dann steht da plötzlich eine bedrohliche Diagnose im Raum! Eine Erkrankung, die mit hoher Wahrscheinlichkeit tödlich enden wird. Oder wir realisieren, dass die eigenen Eltern tatsächlich alt und „tüddelig“ werden und daher vielleicht doch nicht mehr so viel gemeinsame Zeit bleibt wie gedacht. Nun steht das Schreckgespenst Tod im Raum und blickt uns feindselig an. Spätestens jetzt ist es an der Zeit, die Augen zu öffnen und diesem Schreckgespenst zu begegnen. Doch gleichzeitig lauern auch schon alle Emotionen hinter der nächsten Ecke, die uns daran hindern, klare Gedanken fassen zu können: die Angst zu sterben, die Überforderung angesichts so vieler anstehender Entscheidungen oder die unendliche Traurigkeit über den drohenden Abschied.

Als Bestatterin und Trauerbegleiterin erlebe ich allzu oft, dass Menschen erst dann erkennen, was sie alles hätten besprechen, entscheiden, tun oder auch lassen können oder sollen, wenn es dafür zu spät ist. Genau das ist mein Ansatz für dieses Buch: Ich möchte dir ermöglichen, das Tabu zu brechen und dem Tod möglichst angstfrei, unerschrocken und mutig ins Gesicht zu schauen. Mein Anliegen ist es, das schwere Thema Tod aus einer etwas leichteren, vor allem sinnerfüllten Perspektive zu betrachten. Sterben und Tod dorthin zu holen, wo sie hingehören, nämlich ins Leben – das ist mir eine Herzensangelegenheit.

Ich möchte dir ermöglichen, dem Tod möglichst angstfrei, unerschrocken und mutig ins Gesicht zu schauen.

Die Journalistin und Redakteurin Regine Schneider schreibt in ihrem Buch „Ich möchte sterben, wie ich gelebt habe“: „Jeder, der sich nicht erst im eigenen Sterbeprozess mit diesem Thema auseinandersetzt, sagt, dass es sinnvoll und hilfreich ist. Und selbst im Angesicht des Todes ist es nicht zu spät, mit dem Tod Frieden zu schließen.“ Wenn ich etwas empfehlen darf, dann warte mit dieser Auseinandersetzung nicht allzu lange. Je früher es dir gelingt, den Tod als realistische Option in dein Leben zu integrieren, desto erfüllter wirst du die verbleibende, kostbare Lebenszeit nutzen können. Ich bin überzeugt, dass die Auseinandersetzung mit dem Sterben unser Leben bereichert. Das Bewusstsein der eigenen Endlichkeit verschiebt unsere Prioritäten und lenkt den Blick auf das, was uns wirklich, wirklich wichtig ist.

In diesem Buch habe ich meine vielfältigen Erfahrungen aus der Sterbebegleitung, der Bestattung und der Arbeit mit Trauernden zusammengetragen und um Mut machende Beispiele meiner Klientinnen und Klienten und auch meiner Follower in den sozialen Medien ergänzt (siehe Anhang).

Ich unterstütze dich dabei,

- deine Perspektive auf Themen zu erweitern, die du bisher in deinem Leben eher ausgeklammert hast,
- deine Handlungsfähigkeit zurückzuerlangen in einer Lebensphase, die zunächst durch Ohnmacht und Fremdbestimmung geprägt ist,
- dich selbst und dein Familiensystem in der letzten Lebensphase noch einmal neu kennenzulernen und
- die Angst vor dem Tod abzulegen.

Du erhältst sehr konkrete Hilfestellungen, die dich und deine Lieben nun auf eurem Weg begleiten können. Verstehe dabei meine Ideen bitte als Vorschläge und entscheide selbst, was für dich und deine individuelle Situation am besten passt. Mancher Gedanke wird dir auf den ersten Blick fremd erscheinen und vielleicht sogar auf einen inneren Widerstand stoßen. Ich wünsche dir eine Portion

Neugier und Mut, dich auch auf diese Blickwinkel einzulassen und neue Denkpfade anzuschauen und auszuprobieren.

Bei der Vielfalt der skizzierten Ideen und Impulse mögen manche – je nach Krankheitsbild – nicht auf deine konkrete Situation anwendbar sein. Auch ist das eine oder andere Thema in deiner persönlichen Situation vielleicht nicht relevant. Für diese Fälle bitte ich dich einfach, solche Passagen zu überblättern.

Ausdrücklich geht es in diesem Buch nicht um medizinisches Wissen. Für das Kapitel „Organisatorisches" über notwendige juristische Themen wie Vorsorgevollmacht oder Patientenverfügung habe ich mir fachlichen Beistand in Form einer Kapitelpatin geholt. Was du hier auch nicht findest: 08/15-Lösungen, die für jeden Menschen gleichermaßen gelten. Vielmehr möchte ich mit meinen Ideen deine eigene Kreativität anstoßen, mit der du die individuellen Lösungen entwickelst, die richtig gut für deine Situation passen.

> Mit meinen Ideen möchte ich deine Kreativität anstoßen, mit der du für dich individuelle Lösungen entwickelst.

Da wir uns alle frühzeitig mit unserer Endlichkeit auseinandersetzen sollten, müssten Bücher über dieses Thema eigentlich für jede erwachsene Person Pflichtlektüre sein! Beim Schreiben habe ich mir insbesondere Leserinnen und Leser vorgestellt, die durch eine lebensverkürzende Diagnose für sich selbst oder im engen Umfeld oder durch die Erkenntnis, dass die alten Eltern zunehmend gebrechlich werden, mit Sterben und Tod konfrontiert sind. Dabei spreche ich meistens sowohl die unmittelbar betroffenen, also erkrankten Personen, als auch ihre Zugehörigen an.

Vielleicht ist dir der Begriff „Zugehörige" fremd: Damit sind neben den Angehörigen, zu denen ja nur Verwandte und Angeheiratete zählen, alle Menschen gemeint, mit denen wir freundschaftliche Beziehungen pflegen. Gerade wenn es keine Verwandten mehr gibt oder diese auf der ganzen Welt verstreut leben, übernehmen diese Zugehörigen vielfach Aufgaben, die früher im engen Familienverbund angesiedelt waren.

Ganz bewusst habe ich entschieden, dich in diesem Buch zu duzen, auch wenn wir uns bisher noch nicht kennen. Wir sprechen über sehr persönliche Themen und ich möchte dir auf Augenhöhe begegnen. Dafür scheint mir die persönlichere Ansprache im „Du" am besten geeignet zu sein. In vielen Formulierungen benenne ich sowohl die männliche als auch die weibliche Form. Manchmal wechsle ich beide Geschlechter ab, damit es leichter lesbar ist.

Alle persönlichen Geschichten, die Menschen mir für dieses Buch geschenkt haben und die den verschiedenen Themen Leben und Seele einhauchen, wurden von ihnen zur Veröffentlichung freigegeben.

Im Anhang findest du ein Register, das heißt, du kannst ganz gezielt nach den Themen suchen, die dich gerade besonders interessieren. Mitunter gebe ich Verweise auf andere Kapitel, die dir helfen, den Zusammenhang zu verstehen. Du brauchst also hier nicht von vorne bis hinten chronologisch zu lesen.

Nun wünsche ich dir von Herzen, dass dieses Buch dir ein hilfreicher Wegweiser für die vor dir liegende Lebensstrecke ist und dass es dich ermutigt, verantwortungsvolle Entscheidungen voller Liebe und Klarheit zu treffen.

Herzlichst

Deine

WENN DIE WELT AUS DEN FUGEN GERÄT

Konfrontation mit der eigenen Endlichkeit

Eine lebensverkürzende Diagnose, ein gesundheitlicher Warnschuss in Form eines Schlaganfalls oder Herzinfarkts, geliebte Menschen werden alt und gebrechlich – Situationen wie diese beunruhigen uns, ziehen uns vielleicht sogar den Boden unter den Füßen weg. Es sind diese Momente im Leben, die uns vor Augen führen, wie fragil unser Leben ist, wie schnell von heute auf morgen gefühlte Sicherheiten ins Wanken geraten können. Es sind Momente, in denen wir am liebsten den Reset-Knopf drücken würden, um einen neuen, angenehmeren Lebensfilm wählen zu können.

> Eine lebensverkürzende Diagnose, geliebte Menschen werden alt und gebrechlich – solche Situationen ziehen uns vielleicht den Boden unter den Füßen weg.

Sabine Dinkel, Coach und Autorin des Buches „Krebs ist, wenn man trotzdem lacht", vergleicht diese Ausnahmesituation mit einem sich Wiederfinden in einer völlig fremden Welt: „Wenn jemand die Diagnose Krebs bekommt, ist es für mich, als wäre dieser Mensch ungefragt auf einem fremden Planeten abgeworfen worden, von dem er schon viele grausige Geschichten gehört hat. Womöglich kennt er auch Leute, die schon auf diesem Planeten verloren gegangen sind. Er weiß weder, was los ist, noch, was ihn auf diesem komischen

Planeten erwartet. Alles ist unheimlich, alles macht einfach nur ganz arg Angst. Kurzum: Er ist existenziell erschüttert. Doch nach und nach stellt sich heraus, dass der Planet nicht nur groß und gruselig ist, sondern dass man ihn erobern und dabei viel Schönes entdecken kann.“ Sabines Gedanken lassen sich problemlos auf alle anderen lebensverkürzenden, schockähnlichen Diagnosen übertragen.

Daher vorab ganz kurz eine Idee, die ich auf den nächsten Seiten noch weiter ausführen werde: Wie wäre es, wenn du versuchen würdest, den ersten Impuls anders zu bewerten? Anstelle von „Uns bleibt nicht mehr viel Zeit“ vielleicht ein liebevoller Satz, zum Beispiel „Ich nutze die verbleibende Zeit; ich versuche zu genießen, dass sie uns noch geschenkt ist“. Ja, dieser Switch ist nicht ganz leicht, dennoch möchte ich dich gern schon an dieser Stelle ermutigen, auf das Leben zu schauen, das jetzt noch möglich ist, anstatt wertvolle Energie auf das zu verwenden, was nicht (mehr) geht.

Angst, deine neue Gefährtin

Von Herzen wünsche ich dir, dass du medizinisch in guten Händen bist. Und zwar in solchen, die dich bzw. deinen geliebten Menschen nicht nur fachlich umfassend informieren und beraten, sondern auch eure emotionalen Bedürfnisse im Blick haben. Je unübersichtlicher die Situation ist und je mehr Informationen, vielleicht sogar widersprüchliche, auf euch einprasseln, desto stärker drängt sich nämlich eine unangenehme Gefährtin in den Vordergrund: die Angst. Zukunftsangst, die Angst vor dem, was noch alles kommen wird, Todesangst, finanzielle Angst, um nur einige Variationen zu nennen. Besonders belastend ist auch die Tatsache, nicht zu wissen, wie lange dieser Weg sein wird, der nun vor dir und euch liegt.

Wie jede Emotion hat auch die Angst einen Sinn. Du kannst sie dir vorstellen wie einen Bodyguard, der dich beschützen möchte. Angst entsteht nämlich immer dann, wenn wir uns körperlich oder seelisch bedroht fühlen. Sie signalisiert uns, dass Gefahr droht, und möchte diese Bedrohung vermeiden bzw. den erwarteten Schaden möglichst kleinhalten. Daher verstärkt jede für dich nicht verständliche Information, jedes überraschende neue Ereignis deine Angst. Hingegen trägt alles, was dir ein Gefühl von Sicherheit vermittelt, zu einer Milderung deiner Angst bei. Wissen und Information ist also das Gebot der Stunde – denn das sind gewichtige Gegenspieler zur Angst!

Lass dich von der Frage leiten: Was hilft mir jetzt, mich sicherer zu fühlen? Neben der Recherche im Internet gibt es heutzutage zu beinahe jeder Erkrankung vielfältige Ratgeberliteratur. Vielleicht hast du die Möglichkeit, das Gespräch mit weiteren Fachleuten zu suchen oder dir eine zweite Meinung bei einer anderen Ärztin oder einem anderen Arzt einzuholen. Meistens gibt es ja nicht die eine Behandlungsmöglichkeit, sondern ganz unterschiedliche Vorgehensweisen und Empfehlungen. Je umfänglicher du dich bzw. ihr euch informiert, desto sicherer können Entscheidungen getroffen werden.

Lass dich von der Frage leiten: Was hilft mir jetzt, mich sicherer zu fühlen?

Ganz sicher findest du noch weitere Möglichkeiten, die dir Sicherheit schenken: das Gespräch mit Menschen, die dir nahestehen und wohlgesonnen sind. Menschen, die Ähnliches bereits erlebt haben, oder auch der Kontakt zu Selbsthilfegruppen, die es ja für alle möglichen Lebenssituationen gibt. Im Anhang findest du einige Links für die Suche nach einer passenden Selbsthilfegruppe.

Der Angst einen Namen geben

Da die Angst zu den gesellschaftlich unerwünschten, weil unangenehmen Emotionen gehört und wir sie deshalb gern verdrängen, möchte ich dir einen anderen Blick auf die Dinge vorschlagen: Nur mal angenommen, dein Bodyguard „Angst“ wäre eine Person – versuche dir diesen Bodyguard als einen hilfreichen, dich unterstützenden Weggefährten oder eine Weggefährtin vorzustellen. Je persönlicher, desto besser! Männlich oder weiblich? Welche Frisur und Haarfarbe? Latzhose oder Blümchenkleid? Ringelshirt oder Lederjacke? Holzclogs oder Wanderstiefel? Suche Bilder aus, die dir Freude machen. Vielleicht möchtest du ihm oder ihr auch einen Namen geben!

Meine Angst beispielsweise heißt Frieda und ist ein kleines, etwas rundliches Wesen mit roten Strubbelhaaren und Ringelsocken. Sie passt in meine Handtasche, was den Vorteil hat, dass sie mich auch unterwegs beschützen kann. Wenn sie mal zu aufdringlich wird, dann frage ich sie: „Mensch, Frieda, was ist los? Was möchtest du mir gerade sagen?“ Unsere Bodyguards haben nämlich immer, wirklich immer, eine gute Absicht im Gepäck. Sie möchten nur unser Bestes, nur erkennen wir dies häufig nicht, weil wir genervt sind von ihrer Aufdringlichkeit. Frieda sagt dann zum Beispiel so etwas wie „Hey, Christine, mach mal langsam und setze einen Schritt vor den nächsten. Du willst gerade mal wieder zu viel auf einmal.“ In diesen Momenten erinnert sie mich übrigens an meinen Lieblingssatz des Schriftstellers Martin Walser: „Dem Gehenden schiebt sich der Weg unter die Füße.“ Auf diese Weise an Friedas positive Absicht erinnert, kann ich ihr dann dafür danken und entspannter weitergehen.

> Die Angst zu personalisieren, kann dazu beitragen, sie als hilfreichen Bodyguard zu akzeptieren.

Frieda entspannt sich und kann nach getaner Arbeit ein Nickerchen machen.

Vielleicht kommt dir diese Idee etwas spooky vor, was bringt diese kindlich anmutende Herangehensweise schon? Die Personalisierung deiner Angst kann dazu beitragen, sie als hilfreichen Bodyguard zu akzeptieren und einen leichteren Umgang mit ihr zu finden. Probiere es doch einfach einmal aus!

Raus aus der Starre

Vermutlich fühlt sich deine Lebenssituation gerade an wie ein einziger Kontrollverlust. Du fühlst dich fremdgesteuert und der Krankheit ausgeliefert. Eine mögliche Reaktion darauf ist die Schockstarre. Manche meiner Klientinnen und Klienten schildern mir, wie sie oft stundenlang einfach nur dasitzen und Löcher in die Luft starren, unfähig, einen klaren Gedanken zu fassen. Geht es dir ähnlich? Ruhe bewahren ist ein erster wichtiger Schritt.

Aus der Erstarrung kannst du mithilfe folgender Fragen herauskommen:

- Wo ist jetzt überhaupt dein bzw. euer Handlungsspielraum?
- Worauf kannst du gerade selbst Einfluss nehmen?
- Auch wenn du dich völlig fremdgesteuert fühlst: An welcher Stelle kannst du selbst wieder das Ruder in die Hand nehmen? Was könnte ein erster klitzekleiner Schritt sein?

Vom Druck, alles richtig machen zu wollen

Ganz häufig höre ich aus betroffenen Familien, dass mit der Diagnose einer lebensverkürzenden Krankheit ein unglaublicher Druck eingezogen ist: Alle möchten jetzt ihr Bestes geben, sie möchten alles, wirklich alles richtig machen. Die richtige Therapie, das richtige Krankenhaus, die richtigen Hilfsmittel. Und jeder Moment soll bitte noch so gut es geht genutzt werden. So entsteht fast schon eine Art Leistungsdruck, unter dem alle Beteiligten enorm leiden und der in die völlige Überforderung führt.

> So leicht es uns oft fällt, mit anderen Menschen mitzufühlen, so schwierig ist es oft, sich dieses Mitgefühl auch selbst zu schenken.

Selbstmitgefühl ist jetzt angesagt! So leicht es uns oft fällt, mit anderen Menschen mitzufühlen, so schwierig ist es oft, sich dieses Mitgefühl auch selbst zu schenken. Stattdessen gehen wir streng mit uns ins Gericht, indem wir zu hohe Erwartungen an uns selbst stellen und diese Latte dann gefühlt ständig reißen. Ein ungesunder Teufelskreis. Dabei ist in dieser Lebensphase der liebevolle Umgang nicht nur mit den anderen, sondern gerade auch mit uns selbst so wichtig.

Selbstmitgefühl ganz praktisch

Wie aber funktioniert Selbstmitgefühl, wenn ich es bisher nie geübt habe? Es ist eine Haltung dir selbst gegenüber, die sich oft in kleinen Dingen äußert:

- Erlaube dir, nicht perfekt zu sein. Perfektionismus ist die größte Bremse für Selbstmitgefühl! Denn ständig sitzt da ein kleines Männchen auf deiner Schulter und treibt dich an, noch besser zu werden oder dich noch gewissenhafter zu kümmern. Jetzt, in dieser Lebensphase, die alles von dir fordert, ist jedoch an vielen Stellen das Unperfekte das Gebot der Stunde! „Better done than perfect“ heißt es in einem britischen Sprichwort, also frei übersetzt „Es ist besser, du hast es überhaupt gemacht“ – das sollte jetzt so oft wie möglich dein Motto sein.

- Bestrafe dich nicht, wenn du etwas falsch gemacht oder nicht so gut gemacht hast. Nimm dich stattdessen in den Arm und sage dir: Du hast es so gut gemacht, wie es dir in dem Moment möglich war. Und dann erinnere dich an Punkt eins und danke dir dafür, dass du dich in dieser unperfekten Version sein lässt.
- Sei stolz auf dich, wenn du einen Termin abgesagt hast, weil dir gerade alles zu viel wird.
- Achte darauf, wie du über dich selbst sprichst. Wähle liebevolle Worte.

Sei dir bewusst, dass nichts, was du jetzt entscheidest, für alle Ewigkeit in Stein gemeißelt ist. Das Leben ist im Fluss. Du nimmst enorm Druck raus, indem du zulässt, dass Entscheidungen nicht final sein müssen. Denke und handle mehr für den Moment als für die Ewigkeit. Und verlasse dich dabei auch auf deine Intuition, dein Bauchgefühl: Was tut dir gut? Was fühlt sich für dich richtig an?

Mit den eigenen Kräften haushalten

Als Zugehöriger kannst du nur ganz für den erkrankten oder alten Menschen da sein, wenn du selbst auf möglichst festem Boden stehst. Oder wie die Expertin für kontemplative Sterbebegleitung Kirsten DeLeo es so schön formuliert: „Mit einer leeren Kanne kann man keine Blumen gießen.“

Es ist daher wirklich wichtig, auf dich achtzugeben und so, wie du für andere da bist, auch dir eine gute Selbstfürsorge angedeihen zu lassen. Nimm die Warnzeichen ernst, die dir anzeigen, dass du über deine Grenzen gehst: Vielleicht spürst du Dünnhäutigkeit, gehst bei Kleinigkeiten schon an die Decke, es kommt dir der Humor abhanden oder es zeigen sich körperliche Symptome wie Kopfschmerzen oder Schlaflosigkeit. Du selbst kennst dein körperliches Frühwarnsystem sicher am besten.

Nimm die Warnzeichen ernst, die dir anzeigen, dass du über deine Grenzen gehst.

Und so schwierig es auch sein mag: Es ist für deinen Energiehaushalt essenziell, möglichst wenig Energie auf Dinge zu verwenden, die du sowieso nicht ändern kannst. Bedenke daher immer, ob das, wofür du gerade Kraft aufwendest, überhaupt von dir beeinflussbar ist. Manchmal verrennen wir uns in Themen, die völlig außerhalb unserer Möglichkeiten liegen und am Ende keinerlei Verbesserung bringen.

Die Bettkantenentscheidung

Ein kleiner Tipp für den Alltag: Frage dich und entscheide jeden Morgen auf der Bettkante, welche Kleinigkeit du heute tun wirst, um ein wenig besser durch den Tag zu kommen. Akute Belastungssituationen leeren permanent unseren Akku. Umso wichtiger ist es, eine Art Akku-Ladeliste zu führen. Erstelle dir eine Liste mit leicht umsetzbaren kleinen Kraftquellen: eine Tasse Kaffee auf der Bank vor dem Haus in der Sonne, das leckere Kuchenstück vom Lieblingskonditor, der kurze Schwatz mit der besten Freundin, die Gassirunde mit dem Hund oder die Extra-Streicheleinheit für die Katze, fünf Reihen Stricken oder Häkeln. Dies sind nur einige meiner Beispiele – fülle die Liste mit den Dingen, die deinen persönlichen Akku aufladen. Diese aufzuschreiben ist wertvoll, weil sie uns häufig nicht einfallen, wenn um uns herum das Chaos tobt. Am besten hängst du dir diese Liste gut sichtbar auf, beispielsweise an die Kühlschranktür oder die Pinnwand im Arbeitszimmer.

- Ein Stück Schokolade essen
- Eine Runde spazieren gehen
- Julia anrufen

Gesund Grenzen setzen

Selbstmitgefühl und eine gesunde Selbstfürsorge bedeuten auch, Grenzen zu setzen, um dich selbst zu schützen. Manchmal bezieht das auch die Grenzen des erkrankten Menschen mit ein, der sich ab einem gewissen Krankheitsstadium nicht mehr gegen Übergriffigkeiten von außen wehren kann. Auch für ihn und natürlich in Absprache mit ihm darfst du Grenzen setzen.

Sollte das Wörtchen „nein“ bisher nicht zu deinem bevorzugten Wortschatz gehören, ist es jetzt an der Zeit, das zu ändern. Mitunter ist ein deutliches Nein erforderlich, meist dann, wenn Außenstehende es besonders gut meinen und Ratschläge geben. Immer wieder erlebe ich es, dass Zugehörige mit gut gemeinten Hinweisen, Kontaktadressen oder Internetseiten einen Informations-Overflow erleiden. Verpacke deine Absage wertschätzend, indem du dich für die gute Absicht bedankst, aber auch klar äußerst, wie sehr dich die Fülle an Information überfordert.

Sollte „nein" bisher nicht zu deinem bevorzugten Wortschatz gehören, ist es jetzt an der Zeit, das zu ändern.

Auch deine Terminplanung darfst du jetzt überdenken. Wo früher mehrere Termine in einen Tag passten und für dich völlig okay waren, bedarf es in der heutigen Situation mehr freier Zeiten im Kalender. Zeit, die für die wirklich wichtigen Dinge reserviert ist, für die engsten Zugehörigen oder auch zur Regeneration. Achte jetzt besonders gut darauf, dir nicht zusätzlichen, unnötigen Stress aufzuhalsen. Hilfreich könnte es auch sein, dir für jeden Tag feste Termine für dich selbst und für andere einzutragen. Entscheide selbst, ob du es ganz flexibel handhaben möchtest oder ob eine Art Stundenplan dich besser unterstützt.

Vier Entscheidungsfilter

Sabine Dinkel beschreibt in ihrem Buch „Gute Tage trotz Krebs“ vier Filter, die ihr geholfen haben, zu sortieren und zu entscheiden, was sie mit der kostbaren verbleibenden Zeit ihres Lebens noch anfangen möchte:

1. Bringt es mir Glückspeng? (ihr Wort für den wunderbaren Zustand der „gehobenen Gestimmtheit“)
2. Sichert es mir mein Weiterleben?
3. Füllt es meinen Kühlschrank? Oder (falls du nicht wie Sabine Dinkel selbstständig bist): Ist es beruflich erforderlich?
4. Tappe ich in die Nettigkeitsfalle?

Wenn du dir diese Fragen ehrlich beantwortest, wirst du vermutlich häufiger als bisher Nein sagen und damit mehr von dem machen, was dich wirklich erfüllt. Spätestens Frage 4 schützt dich davor, zu viel für andere und zu wenig für dich selbst da zu sein.

Ich finde übrigens, dass wir diese vier Filter in jeder Phase unseres Lebens einsetzen sollten, nicht erst, wenn es existenziell wird. Sie gehören als großes Plakat gut sichtbar aufgehängt!

Warum Selbstfürsorge nichts mit Egoismus zu tun hat

In diesem Zusammenhang gefällt mir folgender Text des mittelalterlichen Abtes Bernhard von Clairvaux:

Wenn du vernünftig bist, erweise dich als Schale und nicht als Kanal, der fast gleichzeitig empfängt und weitergibt, während jene wartet, bis sie gefüllt ist. Auf diese Weise gibt sie das, was bei ihr überfließt, ohne eigenen Schaden weiter.
Lerne auch du, nur aus der Fülle auszugießen, und habe nicht den Wunsch, freigiebiger zu sein als Gott. Die Schale ahmt die Quelle nach. Erst wenn sie mit Wasser gesättigt ist, strömt sie zum Fluss, wird sie zur See.
Du tue das Gleiche! Zuerst anfüllen und dann ausgießen. Die gütige und kluge Liebe ist gewohnt überzuströmen, nicht auszuströmen.

Ich möchte nicht reich werden, wenn du dabei leer wirst.
Wenn du nämlich mit dir selbst schlecht umgehst, wem bist du dann gut?
Wenn du kannst, hilf mir aus deiner Fülle, wenn nicht, schone dich.

Gerade die beiden letzten Zeilen haben es in sich: Wenn du nicht gut zu dir selbst sein kannst, wie kannst du dann anderen guttun? Mit welchem Gefühl nehmen dann andere deine Fürsorge in Anspruch, wenn sie gleichzeitig spüren, dass du dauerhaft über deine Grenzen gehst? Ich meine damit nicht die akute Sterbephase, in der du als Zugehörige oder Zugehöriger deine Fürsorge für den sterbenden Menschen kaum mehr begrenzen kannst. Vielmehr setze ich weit vorher an: Sorge, solange du kannst, immer wieder für deine eigene Fülle, aus der heraus du aufrichtig geben kannst und andere dies dann auch leichter annehmen können.

Sorge, solange du kannst, immer wieder für deine eigene Fülle.

Vorweggenommene Trauer

Vielleicht gibt es schönere Zeiten, aber diese ist die unsere.
Jean-Paul Sartre

Der französische Philosoph spricht mit diesem Satz einen wertvollen Perspektivwechsel an: die Kunst, das Unabänderliche anzunehmen und dabei den Fokus auf das Leben zu richten, das jetzt möglich ist. Nun ja, mit der Akzeptanz ist es so eine Sache – leichter gesagt als getan. Sei dir bewusst, dass bereits jetzt, lange vor dem Tod, der Trauerprozess beginnt. Im Fachjargon sprechen wir von der sogenannten „vorweggenommenen Trauer". Auch die Trauer ist, genauso wie die Angst, eine wichtige Emotion, die durchfühlt werden möchte. Sie zeigt dir den (drohenden) Verlust von etwas Wertvollem an.

Zur bewussten Gestaltung dieser Lebensphase gehört daher für mich das Erleben der Trauer unabdingbar dazu. Alle Beteiligten sind Trauernde! Nicht nur die Zugehörigen, die zurückbleiben werden, auch der sterbende Mensch durchlebt einen Trauerprozess.

Häufig steht die Trauer wie der sprichwörtliche Elefant im Raum. Alle nehmen ihn wahr, aber niemand möchte über ihn sprechen. Und wenn es zu spät ist, wenn der geliebte Mensch verstorben ist, sagen die Zurückbleibenden voller Reue: „Hätten wir mal …“

Ich möchte dir daher in diesem Abschnitt Wissenswertes über die Trauer zur Verfügung stellen, das dir dabei hilft, sie nicht als einen Feind, sondern als eine wohlwollende Freundin anzusehen. Du kannst sie übrigens genauso wie im vorangegangenen Abschnitt über die Angst beschrieben, als deinen Bodyguard personalisieren.

Traueraufgaben statt Trauerphasen

Ältere Trauermodelle, beispielsweise von der Schweizer Psychoanalytikerin Verena Kast, beschreiben Phasen, die trauernde Menschen durchlaufen. Mit einem definierten Anfang und Ende einer Phase legen solche Modelle die Vorstellung nahe, Trauer laufe in geordneten Bahnen nach festgelegten Rhythmen ab. Die Praxis erweist sich jedoch als ganz anders: Trauer kommt und geht in Wellen, sie folgt keinem festen Schema und zeigt sich so individuell unterschiedlich, wie wir Menschen nun einmal sind. Ich arbeite

Trauer kommt und geht in Wellen, sie folgt keinem festen Schema.

daher lieber mit Trauermodellen, die dieser Individualität Raum geben.

Alan D. Wolfelt beschreibt die „sechs Notwendigkeiten der Trauer", die ich als „Traueraufgaben" übersetze. Aufgaben, die das Leben uns im Zusammenhang mit einem Verlust stellt. Eine ausführliche Darstellung dieses Trauermodells findest du in meinem Buch „Mit der Trauer leben lernen" bzw. in meinem Podcast „Liebevoll trauern" (siehe Anhang).

An dieser Stelle möchte ich vier der sechs Notwendigkeiten von Wolfelt herausgreifen, weil sie in der Zeit der vorweggenommenen Trauer von besonderer Bedeutung sind.

Traueraufgabe: Die Realität des Todes anerkennen

So schwer es auch sein mag, ab einem gewissen Punkt im Krankheitsverlauf gilt es anzuerkennen, dass es nur noch in eine Richtung geht: auf den Tod zu. Leider tun sich mitunter selbst Ärzte schwer damit, Diagnosen und damit verbundene Prognosen einerseits klar und gleichzeitig wertschätzend zu formulieren. Auch für diese Berufsgruppe ist es leichter, Hoffnung um jeden Preis zu verbreiten. Und Zugehörige klammern sich verständlicherweise an jeden Strohhalm, der ihnen gereicht wird. Aber glaube mir: Es ist unter dem Strich hilfreicher, sich Schritt für Schritt und mit einer Portion Mut der Realität zu nähern, als sie bis zuletzt auszublenden, als ob es den Tod nicht geben würde.

Sehr häufig höre ich in meinen Begleitungen, dass diese Hoffnung bis zuletzt sich rückblickend wie ein Warteraum auf das Wunder anfühlte und in diesem Raum leider Gespräche über den Tod und alles, was damit zusammenhängen könnte, tabu waren. Viele meiner Klientinnen und Klienten bereuen in der Rückschau, den Blick auf die Realität nicht geschafft zu haben. Sie plagen sich dann oft zusätzlich mit Schuldgefühlen, weil ihr geliebter Mensch vielleicht doch gern über das eine oder andere noch gesprochen hätte, es aber in diesem Warteraum auf ein Wunder nicht möglich war.

Wie der Einstieg in solche sensiblen Gespräche gelingen kann, erfährst du im nächsten Kapitel „Miteinander reden“ ab Seite 74.

Traueraufgabe: Den Schmerz annehmen

Es gibt nur einen Weg, nämlich mitten durch den Schmerz hindurch. Alle Versuche, die Trauer auszublenden, führen dazu, dass sie sich an anderer Stelle ihren Weg bahnt. Bloß nicht weinen, bloß keine Schwäche zeigen, lautet oft die Devise. Stark sein – für mich, für meine Lieben, für mein Umfeld. Aber: Jede nicht geweinte Träne stellt sich hinten wieder an und baut gemeinsam mit den vielen anderen nicht geweinten Tränen einen unglaublichen inneren Druck auf!

> Jede nicht geweinte Träne baut mit den vielen anderen nicht geweinten Tränen einen inneren Druck auf.

Wie schon gesagt, Trauer ist eine ganz normale Reaktion auf einen (drohenden) Verlust. Gefühle wollen gefühlt werden, sie sind für nichts anderes als zum Fühlen da! Erinnerst du dich an die Wasserbälle zum Aufpusten, die es zu einer Creme dazu gab? Stell dir vor, dein Trauerschmerz ist ein solcher Ball und du versuchst, ihn dauerhaft unter Wasser zu halten. Das kostet richtig viel Kraft und bei der ersten Unaufmerksamkeit springt der Ball mit aller Kraft unkontrollierbar an die Wasseroberfläche. So ähnlich ist es mit deiner Trauer, wenn du sie über längere Strecken unterdrücken möchtest. Trauer dauerhaft zu verdrängen, kostet nicht nur wahnsinnig viel Kraft, sondern kann tatsächlich sogar krank machen. Nicht gelebte Trauer kann sich in Kopf- oder Rückenschmerzen, Schlafstörungen, Sodbrennen, Erschöpfungszuständen bis hin zu einer Depression im neuen Gewand zeigen.

Katja klagte nach dem Tod ihres Mannes, der etwa ein Jahr her war, als sie zu mir in die Begleitung kam, über starkes Sodbrennen. Ich fragte sie, was sie wohl versuche runterzuschlucken, was aber gerne ans Tageslicht möchte. Gemeinsam arbeiteten wir an dem Punkt, den Verlustschmerz anzunehmen – dass es nur diesen einen Weg durch den Schmerz hindurch gibt, keinen Weg an ihm vorbei. Etwa vier Wochen später kam sie voller Dankbarkeit in die nächste Sitzung: „Christine, ich weine jetzt zwar viel mehr als vorher, aber dieses entsetzliche Sodbrennen ist endlich weg. Ich fühle mich viel besser als vorher. Und wenn ich wieder ein paar Strophen geweint habe, fühle ich mich wie innerlich gereinigt."

In dem Moment, in dem du dich deiner Trauer stellst, deine Tränen laufen lässt und deiner Traurigkeit Raum gibst, spürst du innerlich Entspannung. Schenke dir hin und wieder diese Momente, in denen die Trauer da sein darf, auch gemeinsam mit deinem geliebten Menschen. „Geteiltes Leid ist halbes Leid“ heißt es im Volksmund und könnte nun zu einem wertvollen Mantra für dich bzw. euch werden.

Traueraufgabe: Sich dankbar erinnern

Von einem unbekannten Verfasser stammt der Satz: „Die Erinnerung ist das Fenster, durch das wir dich sehen können, wann immer wir wollen.“ Erinnerungen schaffen Nähe, und wenn der geliebte Mensch einmal verstorben sein wird, wirken sie wie ein Pflaster für die verwundete Seele. Das Pflaster zaubert die Schmerzen nicht weg, aber es trägt zur Heilung bei. Genau so ist es mit deinen Erinnerungen.

Und das Gute an der Phase, in der du dich jetzt befindest: Es ist noch nicht zu spät, weitere schöne Erinnerungen zu schaffen. Jetzt ist die Zeit, liebevolle Erinnerungen für später ganz bewusst zu gestalten. Im Kapitel „Erinnerungen schaffen“ (S. 112) findest du ein ganzes Potpourri an Möglichkeiten dafür.

Traueraufgabe: Unterstützung annehmen

So banal diese Aufgabe klingt, so schwierig ist sie häufig in der praktischen Umsetzung. Oftmals sind wir nicht gewohnt, Hilfe zuzulassen. Wir handeln aus dem inneren Antrieb heraus, es schon irgendwie allein schaffen zu können oder sogar zu müssen. Gerade Frauen sind darin wahre Meisterinnen! Wir sind so sozialisiert, uns zuallererst für alle anderen verantwortlich zu fühlen, dieses „Kümmer-Gen“ ist uns oftmals in die Wiege gelegt. Und auch die Männer tun sich meiner Erfahrung nach oft schwer, sich einzugestehen, dass sie Unterstützung nötig haben. Um Hilfe zu bitten, betrachten wir häufig als ein Zeichen von Schwäche, ein Eingestehen von „Ich schaffe das nicht allein.“

Um Hilfe zu bitten betrachten wir häufig als ein Zeichen von Schwäche, ein Eingestehen von „Ich schaffe das nicht allein".

Ich möchte die Perspektive darauf gern verändern: Wie wäre es, wenn du es als wahre Stärke betrachten würdest, Unterstützung einzufordern? Sieh es als Stärke, weil du dir selbst wichtig bist. Sieh es als Stärke, weil du deine Bedürfnisse erkennen und wahren kannst. Du musst durch diese kraftraubende Lebensphase wahrlich nicht alleine durch.

Ich bin sicher, du wirst wundervolle Überraschungen erleben, wenn du damit beginnst, Hilfe einzufordern und anzunehmen. Mehr dazu findest du im Abschnitt „Wer oder was trägt mich jetzt?“ ab Seite 53.

Die Unterschiedlichkeit der Trauer aushalten

Die zuvor beschriebenen Traueraufgaben gelten gleichermaßen für die Zugehörigen wie für den sterbenden Menschen selbst. Denn auch dieser befindet sich in einem Abschieds- und Trauerprozess. Die dabei vielleicht größte Herausforderung ist es, zu akzeptieren, dass jeder auf seine eigene Weise trauert. „Jeder ist anders komisch“, sagte meine Oma gern, wenn sie sich über Verhaltensweisen anderer wunderte. Ich finde, dieser Satz öffnet die Tür weit, hinter der sich Toleranz und Güte gerne verschanzen.

Wenn es dir schwerfällt, die unterschiedlichen Herangehensweisen an die Trauer zu akzeptieren, könnten dir folgende Fragen behilflich sein, deine Perspektive zu erweitern: Durch welche Brille schaust du gerade auf den anderen?

- Ist es die Brille der Verletzung, weil du dich mit deiner eigenen Trauer nicht wertgeschätzt fühlst? Ist es die Brille der Ablehnung, weil du des anderen Art zu trauern nicht nachvollziehen kannst? Ist es die Brille des hartnäckigen Bohrens, weil der andere seine Gefühle totschweigt?
- Oder gelingt es dir, die Brille der Geduld aufzusetzen, um dem anderen sein eigenes Tempo zu lassen? Vielleicht auch die Brille der Güte zu nehmen, durch die du die wohlmeinende Absicht des anderen erkennen kannst? Und vielleicht auch die Brille der Liebe herauszukramen, die das Verbindende anstatt das Trennende in den Fokus rückt?

Ungeliebte Gefühle

Trauer ist häufig nur das Klingelschild, das an der Haustüre hängt. Dahinter verbergen sich weitere Räume, die wir allesamt gern mit einem dicken Schloss versehen würden: die Rumpelkammer der Wut, die Abstellkammer der Schuld, der Keller der Scham, und über den Dachboden der Angst schrieb ich bereits im vorangegangenen Abschnitt.

Ganz bewusst wähle ich diese Metaphern, die für unseren ungesunden Umgang mit den unerwünschten Gefühlen stehen. Studien konnten inzwischen sogar zeigen, dass allein die Art, wie wir über Emotionen denken, beeinflusst, wie wir uns fühlen. Bewerten wir Emotionen negativ, steigt die Wahrscheinlichkeit, dass wir uns unwohl bis hin zu ängstlich oder depressiv fühlen. Alle unsere Gefühle wollen gefühlt werden, alle haben eine wichtige Botschaft für dich. Es gibt daher keine positiven und negativen Gefühle, sondern allenfalls angenehme und unangenehme Gefühle. Versuche also, deine Gefühle als Botschafter deiner Bedürfnisse zu betrachten.

Alle unsere Gefühle wollen gefühlt werden, alle haben eine wichtige Botschaft für dich.

Im Folgenden schauen wir uns die Bandbreite der unangenehmen Gefühle, die sich besonders häufig im Zusammenhang mit Verlustsituationen zeigen, etwas genauer an.

Die Rumpelkammer der Wut

Wut ist die Steigerung von Ärger, und ich sage dir: Ich liebe die Wut! Ich meine diese kraftvolle Wut, die uns häufig ins Handeln bringt, wo wir zuvor in einer Schockstarre oder im Stillstand des Leidens feststecken. Was ich nicht meine, ist zerstörerische Wut, die wild um sich schlägt und dich selbst wie auch andere verletzt.

Leider ist die Wut gesellschaftlich in keinerlei Ausprägung akzeptiert. Vor Wut tobenden Kindern wird sie abgewöhnt und sie lernen für ihr Leben, dass Wutausbrüche keine Option sind. Viel zu häufig lernen wir auch als Kind, dass Ärger, die Vorstufe der Wut, ebenso wenig gewünscht ist. Wir üben uns stattdessen darin, ihn um des lieben Friedens willen hinunterzuschlucken.

Hinzu kommt eine interessante Beobachtung, dass es eine geschlechterspezifische Bewertung von Wut zu geben scheint. Wird sie bei weiblich gelesenen Personen eher als hysterisch, irrational und unkontrolliert betrachtet, gilt sie bei männlich gelesenen Menschen eher als kämpferisch, durchsetzungsstark und engagiert.

Die Emotion Ärger zeigt zunächst einmal einfach nur an, dass irgendetwas unseren Weg zum Ziel versperrt. Das kann die Verletzung unserer Werte genauso sein wie geschehenes Unrecht oder ein hinderliches Ereignis. Wir können also das, was wir eigentlich möchten, nicht erreichen. Du möchtest ein langes gemeinsames Leben mit deinem Lieblingsmenschen und nun kommt diese Krankheit oder Altersschwäche daher und steht deinem schönen Ziel im Weg. Darüber kannst du dich schwarzärgern, und wenn du diesen Ärger nicht wahrnimmst, wird daraus eine richtig ausgefeilte, grenzenlose Wut. Vielleicht bist du wütend auf die Krankheit, auf die Ärzte, aber vielleicht sogar auf dich selbst, weil du nicht rechtzeitig zum Arzt gegangen bist, oder auf deinen Lieblingsmenschen, weil dieser erste körperliche Beschwerden nicht ernst genommen hat.

Das nicht erfüllte Bedürfnis hinter der Wut ist die Selbstwirksamkeit. Damit ist die Fähigkeit gemeint, aus eigener Kraft zu handeln und so im wahrsten Wortsinn für sich selbst wirksam zu werden. Also Wege zu finden, das Ziel oder ein angepasstes neues Ziel zu erreichen. Die genauso simple wie wirksame Frage lautet daher: Was kannst du tun, um wieder handlungsfähig zu werden? Genau das meine ich mit der Energie, die Wut in uns freisetzt. Gibst du ihr Raum, so öffnen sich weitere Möglichkeitsräume. Auf einmal werden Optionen sichtbar, was du nun tun

Die Frage lautet: Was kannst du tun, um wieder handlungsfähig zu werden?

kannst, welche Alternativen sich bieten und wie ein erster Schritt dahin aussehen könnte.

Ein schönes Beispiel, wie Wut uns ermöglicht, angesichts einer überschrittenen Grenze wieder für uns selbst wirksam zu werden, erlebte ich mit meiner Klientin Christine:

Christine war sehr wütend über Geschehnisse in der Klinik, die ihrem zwischenzeitlich verstorbenen Mann Karsten dort widerfahren waren. Auch rückblickend belasteten diese Ereignisse sie sehr, die Wut darüber blockierte sie in ihrem Trauerprozess. Wir arbeiteten daran, wie sie die Energie ihrer Wut nutzen könnte, um ins Tun zu kommen. Sie adressierte ihre belastenden Gedanken in einem ausführlichen Beschwerdebrief an die Klinik. Schon diese Aktion mit dem Wissen, alles getan zu haben, was ihr möglich war, befriedete ihre Wut.

Mit der wertschätzenden Antwort, die sie von dort binnen kurzer Zeit bekam und die ihr signalisierte, dass die Klinik künftig anders mit ähnlichen Situationen umgehen möchte, konnte sie an dieses Thema einen friedlichen Haken machen.

Die Abstellkammer der Schuld

Was das Thema Schuld angeht, so möchte ich dich zunächst einmal beruhigen, denn Schuldgefühle kommen im Kontext von Sterben und Trauer nach meiner Erfahrung immer, wirklich immer vor. Sie entstehen dann, wenn wir gegen unsere eigenen Wertvorstellungen und hausgemachten Regeln verstoßen und dadurch eine andere Person gefühlt zu Schaden kommt.

Vielleicht kommt dir das bekannt vor: Leise schleicht sich der Gedanke an und lässt dich nicht mehr los, dass du erste Anzeichen einer Erkrankung bei deinem Lieblingsmenschen nicht ernst genug genommen hast. Oder du warst just in dem Moment, als der Schlaganfall kam, nicht da. Der konstruierte „Regelverstoß" besteht darin, dass das Kümmern um und das Dasein für deine Liebsten einen hohen Wert für dich hat, vielleicht sogar der Paragraf 1 deines ganz persönlichen Gesetzbuchs ist. Diese Metapher des eigenen Gesetzbuchs in Analogie etwa zum Strafgesetzbuch, wonach Menschen schuldig oder nicht schuldig gesprochen werden können, stammt aus dem Buch „Schuld – Macht – Sinn" der renommierten Trauerbegleiterin, Rednerin und Autorin Chris Paul.

Wenn du nun also nach deinen Maßstäben gegen deinen § 1 verstößt, macht sich ein dickes Schuldgefühl breit. Und auch dieses möchte zunächst einmal nichts anderes als gefühlt werden.

SCHULDGEFÜHLEN AUF DEN GRUND GEHEN

Ich lade dich ein, diesem ungeliebten Gefühl einmal gründlich nachzugehen: Wo in deinem Körper wohnt die Schuld? Welches körperliche Empfinden nimmst du wahr? Vielleicht ist es ein dumpfer Schmerz in der Bauchgegend, vielleicht ein Gefühl von Enge in der Brust, vielleicht eine Verkrampfung im Nacken oder auch etwas ganz anderes. Nimm dir ruhig ein, zwei Minuten Zeit, um diesem Körpergefühl nachzugehen. Gibt es eine Körperhaltung, mit der die Schuld stärker spürbar ist?

Nachdem du sie nun aufgespürt hast, versuche einmal Folgendes. Gib ihr zunächst ein Signal, dass sie da sein darf, beispielsweise indem du ihr sagst: „Es ist okay, dass du da bist. Ich mag dich nicht, aber ich schicke dich diesmal nicht weg." Und dann der nächste Schritt: Bedanke dich bei deiner Schuld, indem du beispielsweise sagst „Danke, dass du da bist." Ja, das meine ich wirklich ernst! Sie hat ja eine positive Absicht im Gepäck: Sie ist die Wächterin über deine Werte und Regeln.

Das heißt, sie winkt gerade mit dem Zaunpfahl, dir dieser Werte bewusst zu werden. Und indem du dich bei ihr bedankst, fühlt sie sich wahrgenommen und wird gleich ein wenig milder.

Frage sie nun: „Was möchtest du mir sagen? Was möchtest du Gutes für mich tun?" Höre auf die Antworten, ganz bestimmt werden diese kommen! Wertschätze diese positive Absicht, auch wenn es dir nicht so leichtfällt.

Das Ding ist, dass deine Schuld vermutlich eine hinderliche Strategie entwickelt hat, mit der sie dafür sorgt, dass du deine Werte umsetzen kannst. Denn ganz sicher kannst du nicht sieben Tage pro Woche 24 Stunden lang alles und jeden im Blick haben, damit dein § 1, dich um andere liebevoll zu kümmern, erfüllt wird. Nun kann es hilfreich sein, eine weitere Mitbewohnerin hinzuzuziehen und ihr zu erlauben, der Abstellkammer einen Besuch abzustatten. Ich meine die Verantwortung. Verantwortung hat den großen Charme, dass wir sie aufteilen können. Für erwachsene Menschen gilt: Jeder ist in erster Linie zunächst einmal für sich selbst und das eigene Handeln verantwortlich. Gleichermaßen dürfen wir unseren erwachsenen Mitmenschen ihre eigene Verantwortlichkeit zugestehen.

Ganz sicher kannst du nicht sieben Tage pro Woche 24 Stunden lang alles und jeden im Blick haben.

Kommen wir also zurück zu dem eingangs konstruierten Beispiel: Dein Lieblingsmensch übernimmt zuallererst für sich selbst Verantwortung. Es war an ihm, Anzeichen einer Erkrankung wahrzunehmen und Konsequenzen daraus zu ziehen. Oder eben auch nicht. Ja, ich weiß, es ist schwer auszuhalten, wenn jemand die Verantwortung nicht in der Art wahrnimmt, wie wir es uns selbst wünschen. Ja, wir möchten dann gern selbst Verantwortung für den anderen übernehmen. Aus meiner Sicht – und diese Nachricht mag dir nicht besonders gefallen – ist das falsch verstandene Fürsorge.

Und dein Schuldgefühl sorgt an dieser Stelle für eine gefühlte, neue, aber eben trügerische Balance: Ich konnte den anderen nicht zu einer bestimmten Handlung bewegen oder ich habe Signale selbst übersehen, deshalb nehme ich nun Schuld auf mich. Ende der Durchsage. In beiden Waagschalen liegt etwas, es fühlt sich an wie ein fairer Ausgleich.

Doch der Schein trügt. Denn die Schuld ist ja kein besonders angenehmes Gefühl. Ich möchte dich daher einladen, dich für deinen eigenen Seelenfrieden mit deiner Verantwortung auseinanderzusetzen.

BEANTWORTE DIR FOLGENDE FRAGEN:

- Wofür möchtest und kannst du Verantwortung übernehmen?
- An welchen Stellen kommst du an deine Grenzen?
- Welchen ersten kleinen Schritt kannst du gehen, um Verantwortung, die nicht zu dir gehört, an die zuständige Person abzugeben?

Der Keller der Scham

Weiter geht es mit dem nächsten, äußerst unliebsamen Gefühl: Scham richtet sich gegen uns selbst, sie wirft die Frage auf „Bin ich okay?“. Wir schämen uns, weil wir negative Reaktionen unseres Umfelds befürchten oder erleben. Wir fühlen uns falsch, klein und schwach. Manchmal reicht dafür allein die Vorstellung einer Situation aus, ohne dass wir sie konkret erleben.

Scham bezieht sich häufig auf kulturelle oder gesellschaftliche Gepflogenheiten. So schämen wir uns unserer Tränen, die wir beispielsweise am Arbeitsplatz zeigen, weil dort doch eigentlich kein Platz für Emotionen ist. Oder wir schämen uns eines Fehlers, den wir gemacht haben, denn in vielen Kontexten erleben wir keine konstruktive Fehlerkultur. Oder wir schämen uns angesichts eines Lobs, das wir öffentlich ausgesprochen bekommen, weil wir zur Bescheidenheit erzogen wurden.

Auch deine Scham verfolgt eine positive Absicht für dich.

Auch bei dieser unangenehmen Emotion hilft es dir, den Sinn dahinter zu verstehen. Auch deine Scham verfolgt eine positive Absicht für dich: Auf ihrem Hinweisschild sind die Normvorstellungen deines Umfelds notiert. Sie sorgt also dafür, dass du dein Verhalten hinterfragst und bei Bedarf an die geforderten Normen anpassen kannst.

Nehmen wir folgendes Beispiel: Vielleicht schämst du dich, weil deine Erkrankung dazu führt, dass du Wortfindungsstörungen hast und deshalb nicht mehr so flüssig sprichst, wie du es gewohnt bist und andere es von dir kannten. Das hat vielleicht zur Konsequenz, dass du dich mehr und mehr zurückziehst und nur noch sehr sparsam an Gesprächen beteiligst. Die vermeintliche allgemein gültige Regel in deinem Kopf sagt „Ich bin es mit meiner schlechten Ausdrucksfähigkeit nicht wert, an Gesprächen teilzunehmen“ oder auch „Ich falle damit anderen zur Last.“ Deine Scham zeigt dir diese gefühlte Norm deutlich an, spüre einmal dem körperlichen Empfinden nach. Vielleicht senkt sich dein Kopf, vielleicht spürst du Schamesröte im Gesicht oder schwitzige Hände.

Das konkrete Wahrnehmen deiner Scham ist der erste Schritt. Anschließend kannst du auch ihr erlauben, da zu sein, und du kannst ihr für ihre Botschaft danken. Danach liegt es an dir zu entscheiden: Möchtest du dich zurückziehen oder rufst du ein neues Handlungsprogramm auf? Du könntest beispielsweise deinem Umfeld von deinen schamvollen Gedanken erzählen und um Verständnis bitten. Ich bin zuversichtlich, dass du damit eine tragfähige Brücke baust, die trotz der Wortfindungsschwierigkeiten intensive Gespräche und emotionale Nähe möglich macht.

Abschied will gelernt sein

Genau genommen besteht unser Leben von unserem ersten Atemzug an aus lauter Abschieden. Schon in dem Moment, in dem wir das Licht der Welt erblicken, verabschieden wir uns von unserem ersten Zuhause, das uns neun Monate lang eine geschützte, warme Höhle war. Mit weiteren Umzügen verlassen wir vertraute Umgebungen und Menschen, die zu einer Lebensphase dazugehörten. Wir gehen Beziehungen ein und trennen uns. Durch Jobwechsel verabschieden wir uns von Kolleginnen und Kollegen. Umstrukturierungen in Firmen nehmen uns das gewohnte Arbeitsumfeld. Wir ziehen Kinder groß und entlassen sie in ihr eigenes Leben. Wir schmieden Pläne, die nicht aufgehen. Lebensträume zerplatzen. Durch körperliche Einschränkungen ist ein geliebtes Hobby nicht mehr möglich. Menschen, die uns ans Herz gewachsen sind, sterben. Wenn du auf dein bisheriges Leben zurückblickst, wirst du feststellen, wie viele Abschiede du bereits gemeistert hast.

Wenn du auf dein bisheriges Leben zurückblickst, wirst du feststellen, wie viele Abschiede du bereits gemeistert hast.

Wir kommen hier alle nicht lebend raus

Alle diese Abschiede können jederzeit passieren und zumindest der Tod betrifft uns alle, ausnahmslos. Ist es daher nicht völlig verrückt, dass wir die Beschäftigung mit unserem Lebensende scheuen wie der Teufel das Weihwasser? Wir können das Sterben selbst nicht üben, aber den Umgang mit Sterben, Tod und Trauer sehr wohl. Zum Beispiel indem wir beginnen, die vielen kleinen und großen Abschiede unseres Lebens bewusst zu leben. Uns klarzumachen, dass die Knie-OP und das damit verbundene Aufgeben des Lieblingssports oder auch das Zerbrechen einer Freundschaft ein Abschied ist, den wir betrauern dürfen, mit allem, was zu einem bewussten Trauerprozess dazugehört: Dankbarkeit für das Gute, das war, Durchfühlen der Traurigkeit und Gestaltung des „neuen" Lebens ohne das geliebte Hobby oder ohne diesen Freund oder diese Freundin.

Schon früh im Leben können wir unsere Kinder und Enkelkinder mit der Vergänglichkeit des Lebens vertraut machen und sie damit für ihr Leben stärken: Indem wir den toten Regenwurm liebevoll im Gras beerdigen, statt ihn auf dem Bürgersteig liegen zu lassen. Indem wir dem gestorbenen Haustier ein Grab im Garten buddeln, es mit einem Kreuz aus Ästen oder mit einer schönen Pflanze kennzeichnen. Lies gern im Kapitel „Kinder einbeziehen" (S. 100) nach, wenn dich der Umgang mit Kindern und dem Tod interessiert.

„Abschiedlich leben" ist ein Begriff, den ich erstmals in meiner Ausbildung zur ehrenamtlichen Sterbebegleiterin kennengelernt habe und der mich gleich gepackt hat. Es bedeutet, sich der eigenen Endlichkeit bewusst zu sein, ohne gleich in jedem Moment zu fürchten, dass wir vom nächsten Auto erfasst werden oder durch einen Herzinfarkt am Nachmittag bereits tot sein könnten. Dann würde die Angst auf dem Regiestuhl sitzen und ein entspanntes, glückliches

Leben sabotieren. Gemeint ist vielmehr, unser Leben so zu gestalten, dass es jederzeit enden könnte. Im Reinen zu sein mit dem Leben, wie es jetzt gerade ist. Möglichst keine offenen Baustellen zu haben wie schwelende Konflikte oder ungeklärte Beziehungen.

„Abschiedlich leben" ist damit für mein Empfinden eine Grundhaltung zum Leben: offen sein für Veränderung und jeden Moment als kostbar und wertvoll annehmen. Für mein Leben hatte dieser Gedanke zur Folge, dass ich mir noch mehr als zuvor bewusst machte, was mir wirklich, wirklich wichtig ist, und ich entsprechende berufliche wie private Weichen gestellt habe. Und dafür bin ich zutiefst dankbar.

„Abschiedlich leben" bedeutet, offen zu sein für Veränderung und jeden Moment als kostbar und wertvoll anzunehmen.

Gleichzeitig gebe ich unumwunden zu, dass die abschiedliche Lebensweise ein hoher Anspruch ist, dem ich sicher nicht jeden Tag genügen kann. Aber es immer wieder neu zu versuchen und mit den ganz kleinen Dingen wie der bewussten und liebevollen Verabschiedung der Menschen, die wir lieben, an der Haustür zu beginnen – das ist es allemal wert.

Rede ich den Tod herbei?

Manchmal höre ich, die Beschäftigung mit dem Tod würde das Leben eintrüben, die Leichtigkeit könne verloren gehen, womöglich reden wir dadurch den Tod gar herbei. Das Gegenteil ist der Fall! Wenn wir uns mit dem Tod beschäftigen, befassen wir uns in Wahrheit mit dem Leben. Die Bestandsaufnahme unserer noch offenen Lebensthemen führt dazu, Prioritäten neu zu setzen, Unwichtiges auszusortieren und die wahrhaft wesentlichen Themen anzugehen.

Befreit von unnützem Ballast kann so eine ganz neue Lebendigkeit und Leichtigkeit entstehen.

> Die Bestandsaufnahme noch offener Lebensthemen führt dazu, Prioritäten neu zu setzen.

Gerade auf der letzten Wegstrecke des Lebens hilft eine abschiedliche Grundhaltung, die Dualität anzunehmen: einerseits den Blick auf das zu richten, was noch möglich ist und daraus so viel Gutes wie möglich entstehen zu lassen. Und andererseits sich ganz bewusst von Fähigkeiten, Dingen, Menschen zu verabschieden. Claudia Cardinal, die Initiatorin der Sterbeammen-/Sterbegefährten-Akademie, formuliert dazu: „Sterben zu lernen bedeutet immer auch, leben zu lernen. Angesichts lebensbedrohlicher Krankheiten kann Heilung nur bedeuten, das Leben mit allen nur denkbaren Möglichkeiten anzupacken und mit ganzer Kraft die weiteren Entscheidungen bewusst zu treffen.“

Leben bis zuletzt

Von Cicely Saunders, der Begründerin der modernen Hospizbewegung, stammt der Satz: „Den Tagen mehr Leben geben, nicht dem Leben mehr Tage.“ Gemäß diesem Motto sind Hospize nicht primär Orte zum Sterben, sondern zum Leben. Dort findet noch so viel Leben wie eben möglich statt.

Leonard absolvierte kürzlich als 16-Jähriger sein Schülerpraktikum in einem Hospiz. Völlig beschwingt und glückselig kam er Tag für Tag nach Hause, erstaunt darüber, wie viel im Hospiz von Herzen gelacht wird. Berührt hat ihn auch, dass für jeden Gast ganz individuelle Essenswünsche erfüllt wurden, egal wie viel davon dann tatsächlich gegessen wurde. Eine ältere Dame bekam täglich von mehreren Zugehörigen Besuch, sie brachten ihr Essen mit und schenkten ihr somit Stunden voller Begegnung und Lebendigkeit.

Diese Haltung dürfen wir uns aneignen, auch ohne im Hospiz zu wohnen. Wenn wir spüren, dass das Leben endlich ist, tut es gut, diese Endlichkeit einerseits zu akzeptieren, aber eben andererseits den Fokus auf das Leben zu legen. Nun nur noch ans Sterben zu denken und über alle möglichen Befürchtungen und Ängste zu grübeln, würde deinem Leben jegliche Freude nehmen. Eine Frage, die dich bzw. euch dabei leiten könnte, wäre: Was ist trotz aller gesundheitlichen Einschränkungen dennoch möglich?

Ein berührendes Beispiel dafür beschreibt Dagmar, deren Mann Detlef an Krebs erkrankt war.

Uns beiden war von Anfang an klar, dass wir die Zeit, die uns bleibt, nutzen wollen. „Carpe diem", „Nutze den Tag", gaben wir als Motto aus, über das wir häufig sprachen. Das sagt sich in so einer Krankheitssituation zwar leichter, als es dann umzusetzen ist. Ich finde aber, dass es uns in den acht Jahren der Krebserkrankung gut gelungen ist.

Nachdem die zweite große OP Anfang 2015, bei der 30 Lymphknoten aus dem Bauchraum entfernt wurden, überraschend gut verlaufen war, planten wir die Zukunft, die uns noch bleiben würde. Und das hieß in unserem Fall: reisen. Wir fragten uns: Was wollen wir, die immer viel unterwegs waren, noch machen?

Für mich hieß ein Lebenstraum, mit der Transsibirischen Eisenbahn zu fahren. Meine Mutter starb, als ich 14 Jahre alt war, ebenfalls an Krebs. Ich erinnere mich daran, dass sie immer von genau dieser Reise geträumt hatte, sie aber dann nicht mehr machen konnte. Schon als Jugendliche wusste ich, dass ich – auch für meine Mutter – auf diese Reise gehen werde. Und jetzt war für mich klar, ich möchte sie unbedingt noch mit diesem Mann, mit meinem Mann machen.

Detlef war eigentlich immer für jede Reise und jedes Abenteuer zu haben, und so flogen wir im Juni 2015 nach Peking und reisten im Zug fast 8000 Kilometer durch die Mongolei und Sibirien nach Moskau. Rückblickend bin ich überrascht, wie er das körperlich weggesteckt hat. Ich glaube, Detlef hatte immer einen sehr großen Lebenswillen, er liebte es, etwas zu unternehmen und Neues zu entdecken. Was für andere möglicherweise zu anstrengend gewesen wäre, belebte ihn – trotz körperlicher Mühen und Beeinträchtigungen. Und das funktionierte, das war Lebensqualität.

Grenzen erkennen und wahren

Nun ist das mit dem „den Tagen mehr Leben geben“, wie Saunders es ausdrückt, so eine Sache. Im Angesicht schwindender Kräfte passt der eine oder andere Wunsch, was du vielleicht noch gern erleben möchtest, nicht zur machbaren Wirklichkeit. Mitunter erlebe ich, dass Menschen in einen wilden Aktionismus verfallen und dann unendlich traurig werden, weil doch einiges nicht mehr möglich ist. Es fällt schwer, sich körperliche Vergänglichkeit einzugestehen und von lieb gewonnenen Gewohnheiten, ja Selbstverständlichkeiten, zu verabschieden. „Nie wieder werde ich …“ ist der Satz, der unendlich weh tut auszusprechen.

Es fällt schwer, sich von lieb gewonnenen Gewohnheiten, ja Selbstverständlichkeiten, zu verabschieden.

Aber: Du hast die Wahl, dich gegen diese Entwicklung aufzulehnen. Vermutlich kostet dich das richtig viel Kraft, mit der du lieber sorgsam haushalten solltest. Alternativ könntest du dich kapitulierend allem ergeben. Auch keine angenehme Lösung. Was hältst du von folgender Idee:

WAS TUT JETZT GUT?

Wie wäre es, wenn du auf dem schmalen Grat zwischen wildem Aktionismus und gelassener Zuversicht folgende Überlegungen anstellst: Was brauchst du, was braucht deine Familie jetzt wirklich und was nicht (mehr)? Was tut dir bzw. euch gut und was nicht?

Sowohl-als-auch statt Entweder-oder

Vielleicht kommt dir das bekannt vor: Du kategorisierst etwas in schön **oder** hässlich, hilfreich **oder** hinderlich, angenehm **oder** unangenehm. So empfindest du dann an manchen Tagen entweder Lebensfreude **oder** Traurigkeit und bewertest entsprechend den gesamten Tag. Dort, wo du jetzt stehst, auf der letzten Etappe deines bzw. eures Lebens, gerätst du dadurch leicht in eine Abwärtsspirale aus ausschließlich dunklen Gedanken.

Ein ganz einfacher Switch im Kopf könnte daran etwas ändern. Versuche einmal, nicht in Entweder-oder-Kategorien zu denken, sondern in Sowohl-als-auch. Deine Tage beinhalten sowohl schöne Momente voller Lachen, Leichtigkeit und Zuversicht (und seien sie noch so kurz) als auch traurige, betrübte, verzweifelte Momente. Jeden Tag zeigt sich ein bunter Blumenstrauß an Gefühlen; lass zu, dass sie alle da sein dürfen und dass sie nicht im Widerspruch zueinander stehen. Es tut gut, diese Gleichzeitigkeit der unterschiedlichen Gefühle anzunehmen.

Frage dich abends, wie sich dein Tag angefühlt hat. Und nach der ersten Antwort frage beharrlich weiter: Und wie noch? Und wie noch? Ich bin sicher, es kommt jeden Tag eine lange Liste zusammen!

Frage dich abends, wie sich dein Tag angefühlt hat.

Eine Möglichkeit, sich der guten Dinge, die auch in schweren Lebensphasen noch passieren, bewusst zu werden, ist die Geschichte vom Bauern und den Glücksbohnen:

Es war einmal ein Bauer, der steckte jeden Morgen eine Handvoll Bohnen in seine linke Hosentasche. Immer, wenn er während des Tages etwas Schönes erlebt hatte, wenn ihm etwas Freude bereitet oder er einen Glücksmoment empfunden hatte, nahm er eine Bohne aus der linken Hosentasche und gab sie in die rechte.
Am Anfang kam das nicht so oft vor. Aber von Tag zu Tag wurden es mehr Bohnen, die von der linken in die rechte Hosentasche wanderten. Der Duft der frischen Morgenluft, der Gesang der Amsel auf dem Dachfirst, das Lachen seiner Kinder, das nette Gespräch mit einem Nachbarn – immer wanderte eine Bohne von der linken in die rechte Tasche.
Bevor er am Abend zu Bett ging, zählte er die Glücksbohnen in seiner rechten Hosentasche. Bei jeder Bohne konnte er sich an das positive Erlebnis erinnern. Zufrieden und glücklich schlief er ein – auch wenn er nur eine einzige Bohne in seiner rechten Hosentasche hatte.

Und noch ein letzter Tipp, wie du die guten Momente festhalten kannst:

DANKBARKEITSMOMENTE SAMMELN

Schreibe jeden Abend in ein Tagebuch oder in einen Kalender, wofür du an diesem Tag dankbar bist. Oder notiere es auf Zetteln, die du in einem großen Glas sammeln kannst. Das können durchaus ganz banale Dinge sein, wie beispielsweise die aufgeblühte Knospe im Garten oder die Tafel Schokolade, die du ohne Reue gegessen hast. An den schlechteren Tagen kannst du sie dann nachlesen und daraus zehren.

Mit allen Sinnen fühlen

„Den Tagen mehr Leben zu geben" kann auch bedeuten, noch viel mehr als früher sinnliche Genüsse in den Vordergrund zu stellen. Schule deine Sinne, indem du ganz intensiv schmeckst, riechst, hörst oder fühlst. So wird eine einfache Mahlzeit zu einem Geschmacksvergnügen und beim Spaziergang durch den Wald nimmst du Vogelstimmen und den Geruch des feuchten Unterholzes ganz besonders intensiv wahr. Je mehr du deine Wahrnehmung schärfst, desto differenzierter und intensiver wird sie. Dadurch wird eine neue Form der Lebendigkeit möglich.

Trau dich, dich selbst wichtig zu nehmen.

Auch die Zeit, die du dir für dich selbst nimmst, füllt deine Tage mit mehr Leben. Überlege dir, was du schon immer mal tun, lesen, malen, basteln oder unternehmen wolltest. Trau dich, dich selbst wichtig zu nehmen.

Um wen geht es eigentlich?

Eine schwierige Frage, um die du leider nicht umhinkommst. Geht es nun, da dir die Endlichkeit des Lebens wie ein großes Stoppschild vor Augen geführt wird, um die Belange des sterbenden Menschen oder um die Interessen der Zugehörigen? Oder gilt auch hier sowohl-als-auch?

Unterschiedliche und vielleicht auch sich widersprechende Bedürfnisse aller Beteiligten sorgen mitunter für ein großes Spannungsfeld, das nicht immer gut auszuhalten ist. Aber das Wichtigste: Nur dem Sprechenden kann geholfen werden! Immer und immer wieder geht es darum, die Wünsche und Bedürfnisse klar zu formulieren, im Zweifel auch zu erfragen, um dann für alle Seiten gangbare Wege zu finden. Genau aus diesem Grund befasst sich das nächste Kapitel (S. 74) mit dem Thema Kommunikation.

Wenn die Krankheit den Menschen verändert

Menschen mit einer schweren Erkrankung verändern sich. Die Krankheit macht etwas mit ihnen, nicht nur auf der körperlichen, sondern auch auf der seelischen Ebene. „Ich erkenne meinen Mann nicht mehr wieder“ oder „Von meiner Schwester, wie sie früher war, muss ich mich verabschieden“ sind Aussagen voller Schmerz, mit denen Zugehörige ihr Befremden ausdrücken. Viele Krankheiten gehen mit Wesensveränderungen einher. Wo das ganze Leben bereits auf den Kopf gestellt ist, fällt es besonders schwer, auch diese Veränderungen des geliebten Menschen zu akzeptieren. Zumal damit häufig auch die bange Frage verbunden ist, was noch alles kommen wird.

Bevor du über die Wesensveränderungen urteilst, könnte dir folgende Frage helfen: Habe ich einen Hauch von Ahnung, wie sich das Leben für meinen geliebten Menschen gerade anfühlen könnte? Dieser Perspektivwechsel, durch den du versuchst, dich gedanklich auf den Stuhl des anderen zu setzen, fördert dein Verständnis für dessen Situation. Wir urteilen nämlich allzu schnell durch unsere eigene, gewohnte Brille und vergessen dabei, dass die Welt für andere Menschen völlig anders aussieht. So schwer es dir auch fallen mag, versuche auch die Veränderungen deines erkrankten Zugehörigen durch die Brille der Liebe zu betrachten.

Allerdings gibt es auch die andere Entwicklung, nämlich dass Menschen im Angesicht ihres Todes milder werden, liebenswürdiger und geduldiger im Umgang mit anderen. Mitunter werden auch solche positiven Entwicklungen durch das Umfeld skeptisch oder misstrauisch betrachtet. Auch hier hilft die Brille der Liebe!

Abschließend ist mir noch ein Hinweis wichtig. Es könnte sein, dass du den oben beschriebenen Hinweis, dich auf den Stuhl des anderen zu setzen, bereits täglich praktizierst – vielleicht sogar in einem Maß, das nicht gesund für dich ist. Vielleicht antizipierst du traurige Gedanken des anderen, die nichts mit der Realität zu tun haben, oder du fühlst dich für ihn oder sie auf ungesunde Weise verantwortlich. Für diesen Fall möchte ich dich ermutigen, professionelle Hilfe in Form von Therapie oder Trauerbegleitung in Anspruch zu nehmen. Entsprechende Adressen findest du im Anhang.

Wer oder was trägt mich jetzt?

Wenn der Boden unter den Füßen wankt, wird es umso wichtiger, sich dieser Frage zu widmen. Fakt ist, wie ich bereits an anderer Stelle erwähnt habe: Du musst da nicht alleine durch!

Hilfreiche und weniger hilfreiche Menschen

Beginnen wir mit den Menschen, die dich bzw. euch in dieser Lebensphase unterstützen könnten. Es mag egoistisch klingen, aber du darfst sortieren: Wer tut dir jetzt gut, wer nicht? Vielleicht kennst du das auch: Es gibt Menschen in deinem Umfeld, denen du dich nicht erklären musst, die genau wissen, was du jetzt brauchst oder aufmerksam danach fragen. Die immer wieder konkrete Unterstützung anbieten, ohne dabei übergriffig zu werden. Und dann gibt es die Menschen, die mehr um sich selbst kreisen, die im Zusammensein mitunter wahre Energiefresser sind. Deren Sätze häufig mit „Also bei uns war das damals so und so …“ anfangen und die dabei übersehen, dass eure Situation gerade doch ganz individuell anders ist. Von Letzteren darfst du dich jetzt, ganz ohne schlechtes Gewissen, fernhalten. Du musst nicht gleich die Freundschaft kündigen, aber vorübergehend etwas Abstand wird dir vermutlich guttun.

Manche Menschen treten wie Engel in unser Leben, weil sie einfach nur da sind.

Manchmal entwickeln sich Kontakte auch in ungeahnte Richtungen. Da rücken auf einmal Menschen zusammen, stehen dir und euch bei, von denen du es vorher niemals gedacht hättest. Manche Menschen treten wie Engel in unser Leben, weil sie einfach nur da sind.

„Melde dich, wenn du etwas brauchst“ – das ist der Satz, den du vielleicht auch schon häufiger zu hören bekommen hast. Leichter gesagt als getan, oder? Die Hemmschwelle zu überwinden, auf dieses pauschale Angebot zurückzukommen und dann auch noch überlegen zu müssen, wer für die konkrete Situation die passende Person sein könnte, überfordert die meisten. Eine Klientin von mir hat diese Hausforderung auf geniale Art gelöst:

Daniela hat, kurz bevor ihr Mann aus dem Krankenhaus entlassen wurde, eine große WhatsApp-Gruppe mit dem Namen „Das Dorf“ erstellt. In Anlehnung an das nigerianische Sprichwort „Es braucht ein ganzes Dorf, um ein Kind zu erziehen“ war ihr bewusst, dass sie auf die Hilfe vieler Menschen angewiesen sein würde, wenn es jetzt darum ging, ihren Mann auf der letzten Wegstrecke zu Hause zu begleiten.

Sie bat die anderen, in diese Gruppe nicht hineinzuschreiben (Privatnachrichten erreichten sie ohnehin zuhauf auf allen Kanälen), sondern selbst um Hilfe bitten zu dürfen, wann immer sie konkrete Unterstützung benötigte. Wer kann uns ein Dinkelkissen zur Verfügung stellen? Wer weiß, wo es günstig Treppenlifte gibt? Wer kann mir einen Fensterputzer vermitteln? Auf solche ganz praktischen Fragen erhielt sie stets in Sekundenschnelle Antworten und somit passgenaue Unterstützung für das Problem, das sich gerade stellte.

Ein Netz vielfältiger Unterstützung

Da du nicht weißt, wie lange deine Belastungssituation anhalten wird, macht es Sinn, ein möglichst weitläufiges Netz aus Menschen zu flechten, die alle ein kleines oder auch größeres Puzzlestück zum Ganzen beitragen. Da gibt es dann einen inneren Kreis aus Menschen, die sehr nah bei dir sind, vielleicht sogar feste, regelmäßige

Aufgaben übernehmen, und einen äußeren Kreis von Menschen, auf die du bei Bedarf ab und an und auch spontan zurückgreifen kannst.

Ganz bestimmt gibt es auch diejenigen in deinem Umfeld, beispielsweise Nachbarn oder entferntere Bekannte, die sich bisher zurückgehalten haben, aus Unsicherheit, was genau du brauchst oder auch weil sie nicht stören wollen. Entscheidend ist daher, dass du deine Bedürfnisse klar nach außen kommunizierst, zum Beispiel wie es Daniela mit ihrer WhatsApp-Gruppe gemacht hat. Gerade diejenigen, die sich nicht trauen, dich anzusprechen, kannst du damit in den erweiterten Kreis der Fürsorge hineinholen.

Entscheidend ist, dass du deine Bedürfnisse klar nach außen kommunizierst.

Hilfreich sind erfahrungsgemäß auch verschiedene Menschen, mit denen du einfach nur mal reden kannst, um nicht immer dieselben mit deinem Bedarf nach Austausch zu „belästigen". Du wirst überrascht sein, wer sich bereit erklärt zu helfen, spontan einzuspringen oder dir sein Ohr zu schenken.

Kirsten DeLeo, Trainerin im Bereich kontemplativer Begleitung, hat in ihrem Buch „Ganz da sein, wenn ein Leben endet" die folgende Übung für Menschen veröffentlicht, die sich schwertun, Hilfe anzunehmen:

DIE QUELLE ÖFFNEN

Versuchen Sie, sich an eine Situation zu erinnern, in der Ihnen jemand eine Geste der Liebe oder einen Akt der Güte entgegengebracht hat, der Sie wirklich berührt hat. Vielleicht war es in Ihrer Kindheit Ihre Großmutter oder Ihr Großvater, ein Mentor oder eine Freundin.

Tauchen Sie erneut in diesen Moment ein, in dem jemand zutiefst freundlich zu Ihnen war und Sie die Güte und Liebe dieser Person wahrhaftig empfunden haben. Lassen Sie diesen Augenblick erneut lebendig werden im Hier und Jetzt. Lassen Sie dieses Gefühl wieder in Ihrem Herzen aufsteigen und Sie mit Dankbarkeit erfüllen. Empfangen Sie die Güte und Freundlichkeit vollständig und lassen Sie Gefühle von Wärme, Dankbarkeit, Güte und Liebe zu der Person zurückfließen, die sie in Ihnen hervorgerufen hat. Öffnen Sie Ihr Herz und lassen Sie Güte und Liebe von dort ausströmen.

Dehnen Sie diese Gefühle dann auch auf andere aus, beginnend mit denen, die Ihnen am nächsten stehen. Dehnen Sie in einem nächsten Schritt Ihre Liebe auf Freundinnen, Bekannte, Nachbarinnen, Fremde und, wenn Sie es können, sogar auf diejenigen aus, die Sie nicht besonders mögen, Menschen, mit denen Sie Schwierigkeiten haben.

Lassen Sie diese Gefühle von Wärme, Verbundenheit und Liebe immer grenzenloser werden.

Die Übung ist eine Möglichkeit, unser Herz zu öffnen, wenn wir spüren, dass unsere Seele verkümmert und wir uns innerlich verschließen. Du kannst sie auch in dem Moment machen, in dem du dich einsam und auf dich allein gestellt fühlst. Probiere es einfach einmal aus!

Professionelle Begleitung

Zweierlei ambulante Unterstützungsmöglichkeiten von professioneller Seite möchte ich dir gern noch vorstellen: ambulante Hospizdienste und Sterbeammen bzw. Sterbegefährten (zu den Optionen palliativer Versorgung siehe das Kapitel „Finale Lebensphase“ (S. 123).

Ambulante Hospizdienste

Diese gibt es mittlerweile in vielen Städten und Gemeinden. Bei mir in Oberhausen lautet der Slogan des Ambulanten Hospizdienstes: „Wir kommen nach Hause und überall hin“. Das trifft es auf den Punkt: Diese Form der ambulanten Versorgung ermöglicht Menschen, ihre letzte Lebensphase in ihrer vertrauten Umgebung zu verbringen.

> Ambulante Hospizdienste ermöglichen es Menschen, ihre letzte Lebensphase in der vertrauten Umgebung zu verbringen.

Hospizdienste bilden in umfangreichen, oft mehrwöchigen, Weiterbildungskursen Ehrenamtliche aus, die dann in die Familien nach Hause oder auch ins Pflegeheim gehen und sehr breit gefächerte Unterstützung anbieten:

- Beschäftigung (Reden, Spielen, Vorlesen usw.), während die Zugehörigen in Ruhe einkaufen gehen können oder auch einfach einmal eine Freundin treffen oder zum Friseur gehen
- Spaziergänge mit und ohne Rollstuhl
- kleine Ausflüge an Lieblingsorte: ein Eis essen gehen, den Lieblingsplatz im Wald aufsuchen, noch einmal in der vertrauten Buchhandlung stöbern usw.

Es geht also gar nicht ausschließlich um konkrete Sterbebegleitung. Daher ist es überaus sinnvoll, sich nicht erst in der akuten Sterbephase, sondern bereits sehr frühzeitig an einen ambulanten Hospizdienst zu wenden. In einem ersten Gespräch mit einer sogenannten Koordinatorin werden deine Wünsche und Bedarfe aufgenommen. Die Koordinatorin macht sich ein Bild und bekommt ein Gefühl, wer aus dem Kreis der Ehrenamtlichen gut zu dir und deiner Situation passen könnte, und stellt dann den Kontakt her.

Manche Begleitungen gehen über Monate und es entsteht eine innige Bindung, die zu den Zugehörigen manchmal sogar über den Tod hinaus anhält. Auf jeden Fall kann die Begleitung durch einen ambulanten Hospizdienst eine wesentliche Säule beim Bau eines tragfähigen Unterstützungsnetzwerks sein. Die Begleitung ist übrigens kostenfrei.

Sterbeammen/Sterbegefährten

Das Berufsbild der Sterbeammen bzw. Sterbegefährten geht auf die Heilpraktikerin und Autorin Claudia Cardinal zurück. An ihrer Sterbeammen-/Sterbegefährten-Akademie bildet sie Menschen aus, die frei von jeder Institution und/oder Konfession Menschen auf ihrem Weg durch die letzte Lebensphase begleiten. Ziel ihrer Arbeit ist es, einerseits der Realität des Sterbens offen zu begegnen und andererseits neue Hoffnung und Zuversicht zu vermitteln, auch diesen schweren Weg zu meistern. Die Ausgebildeten stehen mit Rat und Tat zur Seite, und häufig sind auch Fragen nach dem Sinn des Lebens und des Sterbens Teil ihrer Begleitungen.

Ganz bewusst wählte Claudia Cardinal den Begriff Sterbeamme – denn wie die Hebamme uns auf die Welt bringt, hilft die Sterbeamme dabei, diese wieder zu verlassen. Von dem Moment an, in dem du erfährst, dass deine Tage oder die deines geliebten Menschen gezählt sind, können Sterbeammen/-gefährten bis zum letzten Atemzug an deiner Seite sein. Und zwar in dem Rhythmus und der Intensität, wie du es brauchst. Sie sind in dieser Zeit Zuhörer, Vertraute oder auch Organisatorinnen, je nachdem, wonach dir bzw. euch gerade ist.

Sterbeammen und -gefährten sind Zuhörer, Vertraute oder auch Organisatorinnen.

Alexej und seine an Krebs erkrankte Frau Bine wandten sich im Verlauf ihres Weges an Claudia Cardinal. Alexej berichtet über diese Zeit:

Bevor Bine sich an Claudia gewandt hat, war da diese fast unaussprechliche Angst vor dem Tod, die uns auch immer wieder sehr lähmte und die kleinen Pflänzchen der Lebensfreude platt getreten hat. Nachdem Claudia dann mit an Bord war, hatten wir jemanden, mit dem wir vertrauensvoll und kompetent über unsere Todessorgen und Ängste sprechen konnten.

*Einzeln und auch als Paar hatten wir Treffen und immer tiefere Einsichten in das, was wir noch gemeinsam er**leben** wollten. Ebenso wurde ausgesprochen und auch beweint, dass es auch ein Ende geben wird.*

Das Aussprechen und Besprechen war extrem hilfreich, entlastend und für uns ein gutes Stück befreiend. Wir haben den Tod angeschaut, ihm zugenickt und er war zufrieden, dass er nicht mehr ignoriert wurde. Der Elefant im Raum war fort und wir konnten uns wieder normal im Zimmer bewegen.

Für mich war dabei besonders wichtig, dass ich mit meinen Ängsten vor Bines Tod und meiner Rolle als Angehöriger bzw. zukünftiger Witwer jemanden hatte, mit dem ich wirklich offen sprechen konnte. Fragen stellen und Sorgen besprechen konnte, die ich mit Bine, bei aller Offenheit, nicht besprochen hätte, Stichwort Selbstschutz/Bine-Schutz.

Alexejs und Bines Beispiel zeigt, wie wertvoll die Zusammenarbeit mit einer Sterbeamme bzw. einem Sterbegefährten nicht nur für die erkrankte Person ist, sondern auch für die Zugehörigen.

Leider ist die Dienstleistung einer Sterbeamme/eines Sterbegefährten eine von der Krankenkasse nicht übernommene, privat zu zahlende Leistung. Im Anhang findest du den Link zu einer nach

Postleitzahlen sortierten Liste der ausgebildeten Sterbeammen und Sterbegefährten.

Spiritualität am Lebensende

Mein Vater, der 2015 fast 95-jährig starb, sagte in den Monaten vor seinem Tod immer wieder: „Ich gehe in ein drittes Leben, das wird gut.“ Sein zweites Leben hatte mit der Rückkehr aus fast neunjähriger russischer Kriegsgefangenschaft begonnen. Auch für uns Zurückbleibende war der Gedanke tröstlich, dass er an ein Weiterleben nach dem Tod glaubte. Und zwar ganz unabhängig davon, ob wir diesen Glauben teilen können oder nicht.

Natürlich hat nicht jeder Mensch diesen Glauben an ein Leben nach dem Tod. Auch der Gedanke, dass anschließend alles „aus und vorbei“ ist, kann Trost schenken.

Marlene war unheilbar an Krebs erkrankt. Unsere Wege kreuzten sich, weil sie sich wünschte, dass ich einmal ihre Trauerrede halten sollte und sie selbst noch Einfluss auf diese nehmen wollte.

Wir führten tiefe, berührende Gespräche und natürlich kamen wir auch um die Frage nach dem „Danach“ nicht umhin. Marlene ging davon aus, dass sie mit ihrem letzten Atemzug aus dem Leben hier auf Erden aussteige und danach nichts Neues komme. Für sie war dieser Gedanke tröstlich, denn sie hatte ihr schmerzvolles Dasein, dem nach und nach jede Lebensqualität abhandengekommen war, wirklich satt. Sie stellte sich vor, nach ihrem Tod einfach an einem dunklen, warmen Ort zu liegen, befreit von allen Schmerzen und Sorgen. So konnte sie schließlich ganz im Frieden ohne Angst gehen. Ihrem Mann tat es gut zu erleben, dass Marlene mit dem, was kommt bzw. was eben nicht kommt, völlig im Reinen war.

Was kann, was darf, was möchte ich glauben?

So unterschiedlich, wie wir Menschen sind, so unterschiedlich sind die Vorstellungen über die Zeit nach dem Tod. Hast du dir dazu schon einmal Gedanken gemacht? Niemand kann die Frage, was uns nach dem letzten Atemzug erwartet, abschließend beantworten. Doch schon Albert Einstein stellte fest: „Meine Forschungen haben ergeben, dass hinter all der Welt, mit der wir uns befassen, ein großer Orchesterdirigent sein muss, der alles lenkt und der unser Gutes will.“ Und das aus dem Munde eines Physikers!

> So unterschiedlich, wie wir Menschen sind, so unterschiedlich sind die Vorstellungen über die Zeit nach dem Tod.

Vielfach erlebe ich, dass Menschen, die sich selbst nie als gläubig bezeichnet haben, im Angesicht ihres Todes doch noch einmal ins Nachdenken kommen. Plötzlich weiten sich die Gedanken, bisher Undenkbares wird vorsichtig angedacht. Wo Wege enden, beginnt offensichtlich die Suche nach einer neuen Abzweigung. Könnte es vielleicht, nur ganz vielleicht, doch etwas zwischen Himmel und Erde geben, das wir mit dem Verstand nicht greifen können?

Was wir aus Nahtoderfahrungen lernen können

Seit vielen Jahren gibt es verschiedene Wissenschaftler und Wissenschaftlerinnen, die das Gebiet der Nahtoderlebnisse erforschen. Diese entstehen dann, wenn Menschen schon einmal dem Tod näher waren als dem Leben und anschließend ins Leben zurückgekehrt sind, beispielsweise durch einen Herzstillstand während einer Operation oder durch einen Infarkt und anschließende Wiederbelebung.

Die Pionierin auf diesem Forschungsgebiet war die Psychiaterin und Sterbeforscherin Elisabeth Kübler-Ross, noch zu einer Zeit, als Nahtoderfahrungen als Hokuspokus bzw. Halluzinationen abgetan wurden. In ihrem Buch „Über den Tod und das Leben danach" beschreibt Kübler-Ross den Tod als „einen neuen Bewusstseinszustand, in dem man fortfährt zu fühlen, zu sehen, zu hören, zu verstehen, zu lachen. Das Einzige, was wir bei dieser Umwandlung verlieren, ist das, was wir nicht mehr brauchen – nämlich unseren physischen Körper. Es ist also, als ob wir unseren alten Wintermantel beim Herannahen des Frühlings weghängten, da wir wissen, dass er schon zu sehr abgetragen ist und wir ihn sowieso nicht mehr anziehen müssen. Um nichts anderes handelt es sich eigentlich beim Tod."

Zu dieser Beschreibung passt das, was ich als Bestatterin regelmäßig erlebt habe: Etwa zwei bis drei Tage nach dem Tod erscheint mir das, was ich im Sarg sehe, lediglich eine körperliche Hülle zu sein, wie der von Kübler-Ross beschriebene abgelegte Wintermantel. Die Seele oder wie auch immer wir das Innenleben des Körpers bezeichnen mögen, ist bereits ausgezogen.

Zugehörige, die ich bei einer Abschiednahme am offenen Sarg begleite, bestätigen mir unisono diesen Eindruck. Häufig zögern sie, ihren geliebten Menschen noch einmal anzuschauen. Zu groß ist die Angst, bei dem Anblick zu erschrecken und negative Bilder nicht mehr aus dem Kopf zu bekommen. Doch es kommt immer, wirklich immer, anders: Sie realisieren, dass da tatsächlich nur der Körper liegt, und wenn sie Zeit bekommen, sich von diesem zu verabschieden, kommt der Moment, in dem sie loslassen können. Meist spüren sie ganz intensiv, dass die Seele nicht in diesem Sarg liegt. Gut zu wissen – denn dann können sie sich mit offenem Herzen der Frage hingeben, wo sie die Seele ihres geliebten Menschen, also das, was ihn wirklich ausgemacht hat, künftig finden könnten. Im Abschnitt „Der letzte Atemzug“ ab Seite 146 greife ich das Thema Abschiednahme am offenen Sarg noch einmal auf.

Sabine Mehne, Familientherapeutin und Mitbegründerin des Netzwerks Nahtoderfahrung e. V., hatte selbst im Zusammenhang mit einer Krebserkrankung eine Nahtoderfahrung. Sie spürt seitdem keinerlei Angst mehr vor ihrem Tod. In ihrem sehr berührenden Buch „Der große Abflug“ schreibt sie: „Sterben ist keine todernste Angelegenheit. Jedenfalls nicht für mich. Ich stelle mir vor, wie kostbar es sein wird, wenn ich zu gegebener Zeit meinen Körper abgelegt haben werde. Wenn sich das Unaussprechliche von mir verwandelt hat und vielleicht aus reinem Licht besteht oder sich mit dem großen Bewusstsein von allem, was es je gab und je geben wird, verbunden hat. Ich stelle mir vor, wie still, fein und zart dies sein wird.“

Könnte es sein, dass wir im Tod gar nicht allein sind?

Viele Sterbende quält der Gedanke, in der Stunde ihres Todes vollkommen allein zu sein. Vielleicht ist das einer der Gründe, warum das Loslassen am Ende manchmal so schwerfällt. Auch hierzu findet sich bei Elisabeth Kübler-Ross ein, wie ich finde, sehr tröstlicher Gedanke: „Ebenfalls werden wir jeweils von denen empfangen, die uns im Tod vorausgegangen sind und die wir einst geliebt haben. Unter den uns Empfangenden können sich zum Beispiel unsere Kinder befinden, die wir früh verloren haben, oder die Großeltern, Vater, Mutter oder andere Personen, die uns im Erdenleben nahestanden.“

Viele Sterbende quält der Gedanke, in der Stunde ihres Todes vollkommen allein zu sein.

Im Gespräch mit Trauernden erlebe ich immer wieder, wie tröstlich für sie die Vorstellung ist, der geliebte Mensch könnte nun wieder vereint sein mit denen, die bereits vorausgegangen sind. Und auch Sterbende mögen dieses Gedankenspiel „Nur mal angenommen …“, mit dem sie sich ausmalen, wen sie wohl dort drüben auf der anderen Seite des Weges treffen könnten. Der Dichter Rainer Maria Rilke tastet sich mit diesem Satz vorsichtig an eine Verbindung zwischen dem Diesseits und dem Jenseits heran:

Niemals bin ich allein,
viele, die vor mir lebten
und fort von mir strebten,
webten,
webten an meinem Sein.

Und wenn doch nichts nach dem Tod kommt?

Wenn dir diese Vorstellungen nun wirklich zu abgefahren vorkommen, dann lade ich dich ein, doch einmal folgenden Gedanken zu testen: Da wir ja ohnehin nicht mit Sicherheit wissen, was nach dem Tod passieren wird, könnten wir doch auch von der für uns angenehmsten Variante ausgehen – oder nicht? Und diese angenehmste Variante mag für dich eine ganz andere sein als für Menschen in deinem Umfeld. Vielleicht inspiriert dieses Kapitel dich, deinen Pfad der Spiritualität noch einmal ganz neu zu gehen. Ich finde es jedenfalls immer wieder spannend, mich zu dieser Frage mit Menschen auszutauschen. Es gibt ja kein „Richtig“ oder „Falsch“, nur dein ganz persönliches Empfinden.

> Da wir nicht mit Sicherheit wissen, was nach dem Tod kommt, könnten wir auch von der für uns angenehmsten Variante ausgehen.

Übrigens spricht man im Norddeutschen von „himmeln“, wenn jemand im Sterben liegt. Mir gefällt es, wenn Sprache es vermag, positivere Assoziationen im Gehirn zu bahnen. „Himmeln“ hört sich doch viel angenehmer an als „sterben“.

Was trägt in dieser fragilen Zeit am Lebensende?

Diese Frage habe ich meiner Community auf Instagram gestellt. Die Antworten waren erwartungsgemäß vielfältig. Neben ganz praktischen Dingen wie gutes Essen, Bücher oder Kreativität hatten die Antworten vor allem zwei Aspekte gemeinsam: ein Netz aus tragfähigen Beziehungen und die Liebe, die über den Tod hinaus währt.

Daher möchte ich dich zum Abschluss dieses Kapitels zu einer Bestandsaufnahme einladen – vielleicht möchtest du folgenden Fragen einmal nachgehen.

DEIN FUNDAMENT IN SCHWEREN ZEITEN

- Wer sind die Menschen, mit denen du dich in dieser Lebensphase umgeben möchtest? Schreibe eine Liste und sage diesen Menschen, wie wichtig sie jetzt für dich sind.
- Wer oder was sind deine Kraftquellen? Wie kannst du sie noch bewusster in deinen Alltag einbauen?
- Was glaubst du über die Zeit nach dem Tod? Welche Vorstellung sorgt für deinen inneren Frieden?

Notfallübungen

Da du dieses Buch liest, machst du vermutlich gerade schwierige Zeiten durch. Ganz egal, ob du selbst von einer lebensverkürzenden Diagnose betroffen bist oder im näheren Umfeld einer schwer kranken oder altersschwachen Person lebst: Dein Leben fordert gerade viel von dir. Vermutlich bewegst du dich im Spagat zwischen Beruf, Familie, Pflege und eigenen Bedürfnissen. In diesem Kapitel findest du einige Notfallübungen zur Stressregulation in besonders herausfordernden Momenten. Du kannst sie ganz einfach selbst anwenden, wenn du unter Strom stehst und deine Nerven zum Bersten angespannt sind. Du kannst sie immer und überall anwenden, ihre Wirksamkeit ist wissenschaftlich erprobt, auch wenn sie dir auf den ersten Blick vielleicht etwas spooky vorkommen. Ich lade dich ein, einfach einmal auszuprobieren und zu entdecken, womit du dich im Alltag stabilisieren kannst.

Probiere einfach einmal aus, mit welchen Übungen du dich im Alltag stabilisieren kannst.

Butterfly Hug – Schmetterlingsumarmung

Diese Übung kommt ursprünglich aus der Traumatherapie. Sie ist deswegen so wirksam, eine akute Anspannung zu lösen, weil sie sich den Effekt der dualen Aufmerksamkeit zunutze macht. Taktile Beruhigung durch eine bestimmte Form der Bewegung wird kombiniert mit gedanklicher Beruhigung durch Achtsamkeit. Dabei fördert das sogenannte Embodiment der Selbstumarmung unser Selbstmitgefühl – und davon können wir in anspruchsvollen Situationen gar nicht genug haben!

Gerade in hoch emotionalen Zuständen von Angst oder großer Aufregung ist die Schmetterlingsumarmung ein wundervolles Tool, die eigenen Emotionen zu regulieren.

Bewegungsablauf

- Kreuze deine Arme vor der Brust, sodass deine Fingerspitzen knapp unterhalb der Schlüsselbeine liegen.
- Klopfe an dieser Stelle sanft mit den Fingern, abwechselnd rechts und links, in einem für dich angenehmen Rhythmus.
- Atme dabei fließend in den Bauch, am besten einen Moment länger aus als ein. So kommst du aus einer stressbedingten Kurzatmigkeit im oberen Brustraum in eine beruhigende, tiefere Bauchatmung.
- Wenn du möchtest, schließe dabei die Augen.

Es ist hilfreich, die Schmetterlingsumarmung regelmäßig zu üben, auch in weniger stressigen Momenten.

Achtsamkeitsfokus

- Lasse Gedanken, Gefühle, Sinneseindrücke wie die Landschaft bei einer Zugfahrt an dir vorbeiziehen, ohne sie zu bewerten.
- Dabei hilft es, wenn du dich zunächst auf deinen Atem konzentrierst. Nimm einfach nur wahr, schiebe nichts weg, was kommt, verurteile dich nicht. Übe dich für diesen Moment in der Haltung, dass alles okay ist, was sich zeigt – was du fühlst, was du denkst.

Die Länge der Übung spürst du selbst am besten, denn du wirst deutlich wahrnehmen, wie sich dein Nervensystem beruhigt.

Übrigens ist es hilfreich, die Schmetterlingsumarmung regelmäßig zu üben, auch in weniger stressigen Momenten. So kannst du sie in der akuten Situation schneller einsetzen.

Die Atmung beruhigen

Atmung und Stress hängen unmittelbar zusammen. In aufregenden Situationen atmen wir nicht nur schneller, sondern auch flacher. Unser Gehirn wird dadurch schlechter mit Sauerstoff versorgt. Es setzt ein Kreislauf aus sich verschärfenden Gedanken und immer flacherer Atmung sowie schnellerer Herzfrequenz ein.

Diesen kannst du gezielt mit bewusstem Atmen durchbrechen. Dein Herzschlag beruhigt sich wieder und du kannst klarere Gedanken fassen. Das Gute daran: Unsere Atmung haben wir immer und überall dabei. Du brauchst kein Gerät dazu, du kannst sie auch im Auto oder an der Supermarktkasse bewusst einsetzen.

Resonanzatmung

Atme im Fünf-Sekunden-Rhythmus: atme fünf Sekunden lang ein und dann atme fünf Sekunden aus. Dann wieder fünf Sekunden ein, fünf Sekunden aus und so weiter. Ganz vereinfacht ausgedrückt, geht diese Atemfrequenz in Resonanz mit anderen Frequenzen in unserem Gehirn, sodass es weniger Energie benötigt. Schon zwei oder drei Minuten Resonanzatmung tragen zu einer spürbaren Beruhigung bei.

Auch hier gilt: Je häufiger du übst, in diesem Rhythmus zu atmen, desto selbstverständlicher befindest du dich in diesem stabilisierenden Modus. Probiere es einfach einmal aus, zum Beispiel in einem beruflichen Meeting mit anstrengenden oder auch nervigen Themen. Mit Resonanzatmung wirst du es deutlich entspannter aushalten!

4-4-4-Atmung

Bei dieser Übung atmest du ruhig ein und zählst dabei im Kopf bis vier. Anschließend hältst du für weitere vier Zeiten den Atem an. Atme dann in vier Zeiten wieder aus und halte wieder für vier Zeiten den Atem an. Setze diesen Rhythmus für mindestens zwei Minuten fort.

> Die 4-4-4-Atmung ist auch als „Quadratatmung" bekannt.

Es kann dir helfen, dich während dieser Atmung an einem rechteckigen Gegenstand, beispielsweise einem Fenster, zu orientieren und während der jeweiligen Phasen gedanklich an den Seiten des Fensters einmal im Karree entlangzufahren. Die Übung ist daher auch als „Quadratatmung" bekannt.

Wenn du wahrnimmst, dass dich das Anhalten deines Atems unter Stress setzt, wähle lieber eine der anderen Übungen als Emotionsregulation.

Angenehme Gefühle einatmen

Wähle ein schönes Gefühl aus, in das du gern kommen möchtest, beispielsweise Entspannung oder Gelassenheit. Stelle dir vor, dass du beim Einatmen dieses Gefühl wie mit einem Staubsauger aufsaugst und ganz in dich aufnimmst. Male dir dann beim Ausatmen aus, wie sich das Gefühl in deinem gesamten Körper verteilt, bis in die hinterste Haar- und Fußspitze. Du kannst dir dabei auch vorstellen, dass das Gefühl eine Farbe hat und diese sich ebenso in deinem ganzen Körper ausbreitet.

Auch mit dieser Übung tritt meist nach zwei bis drei Minuten ein angenehmer, beruhigender Effekt ein.

Atmung mit Lippenbremse

Diese Atmung hat sich besonders bei Angst- und Panikzuständen bewährt. Sie läuft nach dem nachfolgend beschriebenen, festen Schema ab. Auch hier ist es sinnvoll, die Abfolge in entspannten Situationen zu üben, um sie dann in der Akutsituation hilfreich einsetzen zu können.

- Atme ruhig durch die Nase ein.
- Presse die Lippen sanft zusammen, sodass beim Ausatmen ein leichter Widerstand entsteht.
- Atme jetzt durch die leicht geschlossenen Lippen aus und zähle bis drei.
- Atme wieder ruhig durch die Nase ein.
- Atme durch die leicht geschlossenen Lippen aus und zähle bis vier.
- Atme wieder ein und zähle dann beim Ausatmen bis fünf.
- Wiederhole diesen Ablauf, während du die Ausatmung schrittweise verlängerst (bis sechs, bis sieben, bis acht ausatmen).
- Beginne dann wieder von vorne, bis du einen deutlichen Spannungsabfall bemerkst.

Imagination deines sicheren Ortes

Dein Gehirn ist ein kleines Wunderwerk. Allein mithilfe deiner Vorstellungskraft kannst du dir einen sicheren inneren Ort erschaffen, an den du dich jederzeit bei Bedarf zurückziehen kannst. Vielleicht kennst du das schon aus Kindheitstagen, als du dich in langweiligen Schulstunden an einen anderen, imaginären Ort gebeamt hast!

> Allein mithilfe deiner Vorstellungskraft kannst du dir einen sicheren inneren Ort erschaffen.

Wir wissen heute aus der Neurobiologie, dass es für unser Gehirn keinen

Unterschied macht, ob wir etwas real erleben oder es uns „nur" intensiv vorstellen. Im Gehirn laufen sowohl beim realen Erleben als auch bei intensiver Vorstellung (annähernd) dieselben Prozesse ab. Es sind dieselben Gehirnzellen aktiv, es werden dieselben Botenstoffe ausgeschüttet. Faszinierend, oder? Das bedeutet nämlich, dass unsere Vorstellungskraft ein echtes Zaubermittel ist, mit dem wir dieselben oder annähernd dieselben Emotionen hervorrufen können.

Mit dieser Imaginationsübung visualisierst du dir einen Ort, an dem du dich sicher und geborgen fühlst, und zwar ganz unabhängig von allem, was gerade in deinem Alltag los ist.

Dazu ist es zunächst erforderlich, dir diesen mentalen Ort so konkret wie möglich vorzustellen. Wie in einem Atelier sitzt du vor deiner inneren Leinwand und malst dir diesen Ort aus. Wichtig ist, dass es dort keine realen Personen gibt. Wenn du dir einen Menschen vorstellst, der dir Geborgenheit und Liebe gibt, dann integriere diese Gefühle als Symbol in deinen sicheren Ort, etwa mit einem Herz oder einem Engel.

Je intensiver du dich mit diesem Ort in deiner Vorstellung verbinden kannst, desto einfacher ist das mit ihm verbundene Gefühl von Sicherheit und Geborgenheit für dich abrufbar in dem Moment, wo du es dringend benötigst.

Ablauf

Komme erst einmal ganz im Hier und Jetzt an: Wähle einen bequemen Platz (nicht im Liegen). Nimm wahr, wie deine Füße sicheren Halt auf dem Boden haben. Wenn du magst, lehne dich an und spüre, dass dein Rücken Kontakt zur Lehne hat und gehalten ist. Dein Körper hat eine Kontur. Spüre seine Grenzen, wenn du magst, indem du deinen Kopf, deine Arme und deine Beine abtastest. Der Raum, in dem du jetzt bist, ist sicher – überprüfe das gern mit einem Rundumblick.

Stell dir nun einen Ort vor, in dem du dich wohl und geborgen fühlst. Das muss noch gar nicht der finale Traumort sein, du kannst dich Schritt für Schritt dort hinbegeben und jetzt im ersten Schritt einen Ort wählen, der sich besser anfühlt als der, an dem du derzeit bist. Dies kann ein real existierender Ort sein, beispielsweise ein Urlaubsort oder ein Ort deiner Kindheit, mit dem du schöne Erinnerungen verbindest. Genauso kann es auch ein Ort aus deinem Lieblingsbuch oder -film sein. Oder du malst dir einen fantastischen Ort aus, der nur in deiner Vorstellung existiert. Lass alle Bilder und Vorstellungen an dir vorbeiziehen wie in einem Film und wähle das aus, wo dein Herz sagt „Ja, genau das ist **mein** Ort."

> Gestalte dir den Ort wie eine Regisseurin, die über einen riesengroßen Fundus an Requisiten und Kulissen verfügt.

Gestalte dir nun diesen Ort wie eine Regisseurin, die über einen riesengroßen Fundus an Requisiten und Kulissen verfügt. Wie ist die Landschaft? Hügelig, flach, Wasser, Meer? Welche Qualitäten findest du vor (Ruhe, Frieden, Wärme usw.)? Welche Tiere begleiten dich? Welche Farben würden dich dort am besten unterstützen?

Wenn unangenehme Bilder kommen, stell dir vor, dass du sie wie bei einem Film weiterspulen kannst. Wähle dann ein angenehmeres Bild.

Nun ist es an der Zeit, dir diesen Ort so zu gestalten, dass er wirklich sicher und rundum geborgen für dich ist. Hier kommen deine magischen Fähigkeiten zum Einsatz. Begrenze den Ort, zum Beispiel mit einem Magnetfeld zum Abschirmen, mit einer magischen

Hülle, die den Ort von außen unsichtbar macht, oder gib ihm ein Schloss, das nur du allein mit einem Zauberschlüssel öffnen kannst. Hole dir Beschützer an deine Seite, die den Ort zusätzlich sichern. Vielleicht sind das Engel oder Ritter oder andere helfende Wesen. Du allein bestimmst, welche beschützenden Wesen an diesem Ort sind (jedoch keine realen Menschen). Auch liebevolle Begleiter, die dir Unterstützung, Liebe, Trost, Geborgenheit schenken, kannst du an diesen Ort einladen.

Gestalte dir Rastplätze zum Ausruhen, vielleicht eine bequeme Liege an einem Bach oder eine Hängematte an einem Baum, vielleicht gibt es eine besonders kuschelige Decke zum Einmummeln und Ausruhen.

Fühle dich nun mit allen Sinnen in diesen Ort ein: Was riechst, schmeckst, hörst, siehst, fühlst du? Wie sind die Farben, wie die Temperatur an diesem Ort? Wenn dir etwas noch nicht gefällt, verändere es. Stelle dir vor, wie du mit einem Regler alles einstellen kannst: Farbe dazugeben oder herausnehmen, wärmer oder kälter drehen.

Fühlt es sich jetzt für dich gut an? Wenn nicht, verändere es weiter. Brauchst du noch etwas, das dir mehr Schutz gibt? Dann zaubere es dir herbei.

Wenn du dir deinen sicheren Ort so erschaffen hast, wie er (zumindest für diesen Moment) für dich stimmig ist, verankerst und verfestigst du ihn zu guter Letzt mit einer Geste. Wähle eine Geste (z. B. gefaltete Hände oder die auf die Herzgegend gelegte Hand) und verbinde sie mit deinem sicheren Ort. Mithilfe dieser Geste wird es dir künftig leichter fallen, deinen sicheren Ort aufzusuchen. Das ist gerade in den Momenten wichtig, in denen du große Angst oder Unsicherheit spürst.

MITEINANDER REDEN

So unterschiedlich, wie wir Menschen nun einmal sind, so gehen wir auch mit Krisensituationen am Ende unseres Lebens ganz unterschiedlich um. Während der eine von vorneherein ganz offen über seine Situation spricht, zieht sich die andere eher zurück und macht vieles erst einmal nur mit sich selbst aus. Und dann kommt es ja auch noch auf den Kontext an: In der Familie oder im Freundeskreis fällt es vielleicht leichter, eine Krankheit offen zu thematisieren, während man im Arbeitskontext schon mal eher Privates außen vor lässt. Es gibt dafür auch keine allgemeingültige Lösung, denn Kommunikation, gerade außerhalb der engsten Familie, hat viel mit Vertrauen zu tun. Verlasse dich daher auf dein Bauchgefühl, es wird dir den für dich bzw. euch stimmigen Weg weisen.

Kommunikation, gerade außerhalb der engsten Familie, hat viel mit Vertrauen zu tun.

Was ich in meiner Arbeit jedoch am häufigsten erlebe, ist die Tatsache, dass selbst innerhalb der Familie nicht oder zu wenig gesprochen wird. Meine Frage als Bestatterin an die Hinterbliebenen, ob ihr geliebter Mensch feuer- oder erdbestattet werden möchte, kann sehr häufig nicht beantwortet werden. Viele meiner Klientinnen in der Trauerbegleitung bereuen es rückblickend, über wichtige Themen mit ihrem geliebten Verstorbenen nicht gesprochen zu haben.

In diesem Kapitel möchte ich dir Hilfestellung an die Hand geben, wie eine liebevolle und achtsame Kommunikation auch über schwierige, vielleicht sogar Tabuthemen, möglich wird.

Das große Schweigen

Wir unterhalten uns ein Leben lang über alles Mögliche: das Wetter, die letzte Party, den anstrengenden Nachbarn, politische Aufreger, berufliche Erfolge, einen guten Film, selbst über Krankheiten – aber über den Tod? Für dieses Thema fühlen wir uns zu jung, zu lebendig, zu verliebt, zu beschäftigt, zu müde, zu krank, zu alt. Und irgendwann ist es dann zu spät.

Erster zweifelhafter Glaubenssatz: Wenn ich mich mit dem Tod beschäftige, rufe ich ihn erst recht herbei

Immer noch geistert dieser hinderliche Glaubenssatz durch viele Köpfe. Gerade in unserer Gesellschaft, in der wir das Positive möglichst noch optimieren wollen, ist kein Platz für die Auseinandersetzung mit unangenehmen Themen. Das geht bis hin zu toxischer Positivität nach dem Motto „Good vibes only", wonach der Ausdruck schmerzlicher Gefühle bitte zu unterbleiben hat. Wir haben es schlichtweg verlernt, in Gesprächen an den wahren Kern zu gehen, und sei er noch so schmerzhaft.

> Gegen den Tod können wir nichts ausrichten, aber wir können einen heilsamen Umgang mit ihm lernen.

Die Botschaft mag unbequem sein, aber sie ist die einzige Wahrheit: Der Tod kommt so oder so, ob wir über ihn sprechen oder nicht. Gegen den Tod an sich können wir nichts ausrichten, aber wir können einen heilsamen oder wenigstens verträglichen Umgang mit ihm lernen.

Zweiter zweifelhafter Glaubenssatz: Wenn ich über den Tod spreche, gebe ich den geliebten Menschen auf

Hinzu kommt im Angesicht des Lebensendes der Gedanke, ein Gespräch über den Tod anzufangen könnte das Signal sein, mein Gegenüber oder auch mich selbst aufzugeben. Beide Seiten möchten ihre Liebsten schonen und so steht der Tod wie ein Elefant im Raum. Alle wissen, dass er da ist, aber keiner traut sich, über ihn zu sprechen.

Es gibt eine vielsagende Anekdote, die diesen Umstand auf humorvolle Weise auf den Punkt bringt: Sie liegt drinnen im Krankenzimmer und flüstert: „Ich spüre es, ich werde sterben – aber sagen Sie das auf keinen Fall meinem Mann." Er steht draußen vor der Tür und sagt: „Meine Frau wird sterben, ich merke das – bitte sagen Sie ihr bloß nicht, wie ernst die Lage ist."

> Vermeidungsstrategien und Ausweichmanöver wirken sich spätestens nach dem Tod für die Zurückbleibenden fatal aus.

Für dieses Phänomen gibt es sogar einen Begriff: barmherzige Lüge. Es steckt also eine positive Absicht dahinter: Wir schweigen aus Liebe und zum (vermeintlichen) Schutz unseres Gegenübers. Doch genau das Gegenteil ist der Fall! Vermeidungsstrategien wie Schweigen, Davonlaufen, Aussitzen, Schönreden, all diese Ausweichmanöver wirken sich spätestens nach dem Tod für die Zurückbleibenden fatal aus. Sie quälen sich mit Schuldgefühlen, dieses oder jenes nicht gesagt zu haben. Sie bereuen ihr Nicht-reden-Können oder -Wollen, weil sie rückblickend realisieren, was sie alles versäumt haben. Und auch für die Person, die diese Welt verlassen wird, macht das Stillhalten die letzte Wegstrecke nicht unbedingt einfacher. Auch sie quält sich vielleicht mit dem Wunsch, über etwas reden zu wollen, aber die Kurve nicht zu bekommen.

Du hast jetzt die Chance, es anders zu machen! Vielleicht spürst du, wie schwierig es dir bzw. euch fällt, über die wirklich wichtigen Themen zu sprechen. Im tiefsten Inneren ahnst du, dass es bessere Alternativen gibt, als den Tod totzuschweigen.

Auf den folgenden Seiten findest du einige Tipps, wie es dir gelingen kann, das Eis zu brechen. Bitte versteh sie als Ideen, suche dir diejenige heraus, die für dich und deine Situation stimmig ist, oder passe sie so an, wie du sie in deinem Kontext gut umsetzen kannst. Die Anregungen sind übrigens für die Zugehörigen genauso gemeint wie für den erkrankten oder alten Menschen, denn Schweigen kann ja von beiden Seiten ausgehen.

Der erste Schritt: Das Gute würdigen

Zunächst einmal möchte ich dich aber daran erinnern und ermutigen, die positive Absicht hinter dem Schweigen zu würdigen. Du schweigst, weil du deinen Lieblingsmenschen nicht noch mehr Schwere zumuten möchtest. Weil du sie liebst. Weil du sie viel lieber zum Lachen als zum Weinen bringen möchtest. Und genau diese Liebe ist der Ansatzpunkt, es anders zu machen! Aus reiner Liebe zu ihnen solltest du das Schweigen brechen. Denke es einmal aus einer neuen Perspektive: Du mutest es ihnen nicht zu, sondern du traust es ihnen zu, mit Offenheit und Ehrlichkeit umgehen zu können. Du zeigst Vertrauen in sie und in euch, auch die Schwere in der Situation gemeinsam durchzustehen und vielleicht sogar an ihr zu wachsen.

Auf meine Frage, was dabei geholfen hat, gemeinsam die wirklich wichtigen Themen zu besprechen, berichtet Anja: „Es war Thomas' ausdrücklicher Wunsch, dass ich dadurch, dass vieles besprochen ist, weniger Belastung als ohnehin schon haben werde."

Darin kommt auch wieder diese Motivation, die Zugehörigen schützen zu wollen, zum Ausdruck. Aber eben mit einer hilfreicheren Strategie: Lass uns über alles reden, das dir später das Weiterleben erleichtert. Von der Dichterin Mascha Kaléko stammt der Satz: „Bedenkt, den eigenen Tod, den stirbt man nur, doch mit dem Tod der anderen muss man leben." Die Zurückbleibenden sind diejenigen, die mit dem weiterleben müssen, dessen Basis ihr heute zu Lebzeiten schaffen könnt.

DEN BODEN FÜR SPÄTER BEREITEN

Die leitende Frage sollte also sein: Was brauche ich, was brauchen wir, damit ein guter Boden für die Zeit nach dem Tod bereitet wird?

Den Gesprächseinstieg finden

Ihr seht also das Unaussprechliche wie einen Elefanten im Raum stehen. Ihr eiert um die Themen Sterben und Tod herum. Vielleicht hilft dir schon der Gedanke, dass es vermutlich euch beiden oder allen Beteiligten so geht. Es könnte also sein, dass in allen Köpfen so etwas kreist wie „Ich würde ja gern, aber ich weiß nicht, wie" oder „Ich würde so gern, aber ich traue mich nicht".

Es geht also darum, diese unangenehme erste Hürde zu nehmen, einfach einen Anfang zu finden. Überlege dir zunächst einen günstigen Zeitpunkt. Ihr benötigt einen ruhigen Moment und genügend Zeit. Schwierige Gespräche lassen sich nicht gut „zwischen Suppe und Kartoffeln“ führen. Schaffe eine schöne Atmosphäre, vielleicht bei Kerzenschein oder mit angenehmer Musik im Hintergrund. Führe dir noch einmal den Nutzen eines ehrlichen Gesprächs, wie ich ihn zuvor geschildert habe, vor Augen.

Und dann könnte ein hilfreicher erster Satz lauten: „Ich möchte mit dir über den Tod sprechen, nicht weil ich die Hoffnung aufgebe, sondern weil ich überzeugt bin, dass es für uns beide entlastend ist.“ Baue also eine Brücke zu deinem Gegenüber. Ein aufrichtiges Gespräch kann allen Beteiligten helfen, der Elefant wirkt nicht mehr so bedrohlich, wenn ihr über ihn sprecht. Und zudem könnt ihr die Zeit danach ohne inneren Druck viel mehr genießen.

In meiner Instagram-Community habe ich die Frage gestellt, wie ein allererster Satz für solche unbequemen Gespräche lauten könnte. Hier ein paar sehr unterschiedliche Ideen meiner Followerinnen und Follower:

Alexander: „Mir liegt ein wichtiges Thema auf dem Herzen, das dir möglicherweise etwas Unbehagen bereiten könnte, aber zum Ende hin die Chance auf einen liebevollen und bewussten Austausch bietet. Möchtest du mir, gerade heute, dafür dein Ohr leihen?"

Sabine: „Ich denke nicht nur viel über mein Leben nach, sondern auch über meinen Tod. Und ich finde es wichtig, darüber miteinander ins Gespräch zu kommen. Passt es dir jetzt oder lieber später?"

Bettina: „Ich möchte gern mit dir über den Tod sprechen. Magst du?"

Gerade den Gesprächseinstieg mit einer – wirklich ehrlich gemeinten! – Frage zu verbinden, gibt deinem Gegenüber die Möglichkeit, erst einmal nicht auf das Gespräch einzusteigen. Aber der Anfang ist gemacht und du könntest nachfragen, wann ein besserer Moment dafür ist. Vielleicht könnt ihr sogar eine richtige Verabredung für einen konkreten Zeitpunkt treffen. So wirkt das Gespräch nicht wie ein Überfall, sondern beide Seiten haben die Chance, sich innerlich darauf einzustellen.

Hilfreiche Rituale

Wenn euch ehrliche, ausführliche Gespräche grundsätzlich nicht ganz leichtfallen, sind Rituale eine gute Möglichkeit, sie auf leichtgängige Art zu etablieren.

Katharina berichtet von ihrer Erfahrung in der Hospizbegleitung. Dort wird für wichtige Gespräche eine Kerze angezündet. Die Botschaft dahinter lautet: Mir brennt etwas auf der Seele, über das ich gern mit dir sprechen möchte.

Die Familientrauerbegleiterin Mechthild Schroeter-Rupieper hat den Gefühlsstein entwickelt, den ich auch gern in meinen Begleitungen einsetze. Es ist ein Pflasterstein aus Naturstein, wie man ihn in jedem Baumarkt bekommt, auf den auf sechs Seiten unterschiedliche Symbole gemalt werden: eine gelbe Sonne, eine blaue Wolke, ein schwarzer Blitz, ein rotes Herz, ein Smiley (der umgedreht auch ein trauriger Smiley sein kann) und eine Blanko-Seite.

Ihr könntet verabreden, mithilfe eines solchen Gefühlssteins erst einmal über die Frage ins Gespräch zu kommen: „Wie geht es mir heute wirklich?“ Mit dem schweren Stein in der Hand fällt es leichter nachzuspüren, welches Gefühl sich gerade regt. Die Überleitung zum tabuisierten Thema könnte lauten: „Darf ich dir erzählen, was mich gerade bewegt?“

Ich erinnere mich an ein Ritual aus meiner Kindheit und Jugend, ein ganz anderer Zusammenhang, aber gut übertragbar auf das Startsignal für ungeliebte Gespräche. Meiner Mutter war es zu anstrengend, immer und immer wieder mit mir über die Ordnung in meinem Zimmer zu diskutieren. Irgendwann kaufte sie ein Nilpferd aus Stoff und verabredete mit mir, wenn sie dieses Nilpferd auf meinen Schreibtisch stellt, dann ist das Maß endgültig voll, dann ist es allerhöchste Eisenbahn, mal wieder aufzuräumen!

Ihr könntet ein Symbol vereinbaren, wenn ihr etwas auf dem Herzen habt, über das ihr dringend sprechen möchtet.

Ihr könntet also ein Symbol vereinbaren, so ähnlich wie die Kerze, und dieses auf den Tisch stellen, wenn ihr etwas auf dem Herzen habt, über das ihr dringend sprechen möchtet. Ein Leuchtturm, ein Stofftier oder jeden anderen Gegenstand, der zu euch passt.

Mehr fragen als sagen

In unserer Verunsicherung, worüber wir sprechen könnten und wie wir es am besten in Worte fassen, gehen wir oft davon aus, Aussagen treffen zu müssen, eine Meinung haben zu müssen. Dabei ist es viel einfacher und vor allem einladender, fragend unterwegs zu sein. Fragen sprechen für eine offene Haltung, für ein wahrhaftiges Interesse und bringen daher viel leichter ein Gespräch in Gang.

Geschlossene Fragen, auf die erst einmal nur mit Ja oder Nein geantwortet wird, ermöglichen ein behutsames, schrittweises Herantasten. Offene Fragen sind wahre Türöffner zu einem Gesprächsraum und signalisieren gleichzeitig die Bereitschaft, zuhören zu wollen.

> Geschlossene Fragen, auf die mit Ja oder Nein geantwortet werden kann, ermöglichen ein behutsames Herantasten.

Die oben genannte geschlossene Frage „Magst du jetzt darüber sprechen?“ ist eine Einladung, die zeigt, dass du nicht einfach so über die Bedürfnisse des anderen hinweg ein Gespräch vom Zaun brechen möchtest. Sie ist der achtsame Start in eine Kommunikation auf Augenhöhe. Ich bin sicher, dass dadurch die Bereitschaft deines Gegenübers für einen ehrlichen Austausch steigt. Aber auch ein Nein gilt es zu akzeptieren! Sonst ist die Frage nicht ehrlich gemeint.

Offene Fragen beginnen mit einem W-Fragewort. Hier ein paar Beispiele, wie sie sowohl die erkrankte Person, als auch die zurückbleibende stellen könnte:

- Wie erlebst du all das, was du gerade durchmachst?
- Was macht dir Angst, wenn du ans Sterben denkst?
- Wie geht es dir damit, irgendwann allein zurückbleiben zu müssen?
- Was möchtest du gern noch gemeinsam mit mir erleben?
- Wen möchtest du gern noch treffen? Von wem möchtest du dich verabschieden?
- Wie stellst du dir die Beerdigung vor?

Die Kunst des Zuhörens

Nachdem durch feinfühliges Fragen der Raum für eine Antwort geöffnet ist, entscheidet das Zuhören maßgeblich darüber, inwieweit tatsächlich ein echtes Gespräch in Gang kommt. Manch einer wartet nur auf die nächste Gelegenheit, in eine Äußerung einzuhaken, um selbst dazu Stellung zu beziehen. Vielleicht hast du dich auch schon einmal dabei ertappt, noch während dein Gegenüber spricht, darüber zu sinnieren, was du als Nächstes wohl sagen könntest. Ich erkenne an solchen Situationen bei mir selbst, dass ich noch gar nicht ganz im Hier und Jetzt und bei meinem Gesprächspartner angekommen bin.

Dies wahrzunehmen ist der erste Schritt. Lehne dich zurück und atme tief durch, um nun ganz und gar dein Ohr zu öffnen. Du brauchst noch keine Antwort zu wissen. Vielleicht gibt es auch erst einmal gar keine „gute" Antwort. Empathisches Zuhören heißt vor allem, auch Stille auszuhalten. Dem anderen die Möglichkeit zu geben, zwischen zwei Gedanken eine Pause einzulegen. Manche Sätze, gerade wenn sie schwerfallen, entfalten sich erst nach und nach. Und manche Erkrankung führt eine stockende Ausdrucksweise oder Wortfindungsstörungen mit sich. Bleibe geduldig, bis dein Gegenüber seinen Gedanken wirklich zu Ende geführt hat.

Bleibe geduldig, bis dein Gegenüber seinen Gedanken wirklich zu Ende geführt hat.

Es ist zutiefst menschlich, wenn du Angst davor hast, keine Antwort zu wissen. Ihr redet eben nicht übers Wetter, sondern über wirklich tiefe Themen. Eine mögliche Antwort könnte daher auch lauten: „Danke, dass du diesen Gedanken mit mir teilst. Um ehrlich zu sein, weiß ich gerade gar nicht, was ich dazu sagen soll. Gib mir einen Moment, mich zu sortieren. Ich muss erst einmal eine Runde nachdenken.“

Eine weitere Möglichkeit, das aufmerksame Zuhören zu trainieren, besteht darin, das Gesagte zu wiederholen: „Habe ich dich richtig verstanden … du möchtest … du siehst das soundso …“ So gewinnt ihr an Sicherheit, tatsächlich das Richtige verstanden zu haben.

Die Kunst, sich einzufühlen

Ein indianisches Sprichwort lautet: „Urteile niemals über jemanden, in dessen Mokassins du nicht wenigstens 30 Tage gelaufen bist.“ Ich glaube, dass wir niemals, wirklich niemals, genau wissen können, wie sich das Leben gerade für unser Gegenüber anfühlt. Wir meinen aber oftmals schon nach wenigen Sätzen zu wissen, wie wir das finden, wovon der andere spricht. Gerade wenn wir mit schmerzvollen Emotionen konfrontiert sind, möchten wir aufmuntern, Hoffnung geben oder vielleicht sogar diese zurückweisen. Auf diese Art reden wir jedoch das, was der andere fühlt, klein. Wir lassen ihm nicht seine Mokassins, sondern möchten ihm unsere überstülpen.

> Der größte Trost ist erst einmal, dem anderen das Gefühl zu geben, so okay zu sein, wie er oder sie jetzt gerade ist.

Wie bereits beschrieben, hat jede Emotion ihre ureigene Aufgabe und darf deshalb da sein. Lass sie deinem geliebten Menschen und hüte dich vor Urteilen, auch wenn du es selbst anders siehst oder einfach gerne trösten würdest. Der größte Trost ist erst einmal, dem anderen das Gefühl zu geben, so okay zu sein, wie er oder sie jetzt gerade ist.

Sich schrittweise an den Kern herantasten

Hilfreich kann es auch sein, sich zunächst in homöopathischen Dosen an die Gedanken über den eigenen Tod oder das Sterben heranzuwagen. Anja hat dies in Bezug auf das Thema Beerdigung bei der Begleitung ihres Mannes so erlebt:

Wir haben uns über Vorerfahrungen mit Beerdigungen nach dem Tod von Familienangehörigen unterhalten. Daraus entwickelten wir Ideen, was wir uns für uns selbst vorstellen können und was nicht.

Mit geschlossenen Fragen, schrittweisem Ausrollen der Gedanken und kleinen Pausen kannst du die Gesprächsdynamik ein wenig abbremsen und gibst so deinem Gegenüber die Möglichkeit, sich langsam in das Thema einzufinden. Zum Beispiel so:

Ich habe eine Idee, wie wir die Situation hier zu Hause noch etwas besser bewältigen können. Magst du sie hören?

Ja, sag mal ...

Mich beschäftigt nämlich, ob ich auf Dauer die Pflege und Betreuung allein hinbekomme. Daher habe ich mich über Unterstützungsmöglichkeiten informiert.

...

„Mir war gar nicht klar, dass wir auch jetzt schon vom ambulanten Hospizdienst Unterstützung bekommen können. Magst du davon hören?“

„Okay, erzähl mal ...“

Vielleicht denkst du jetzt: Na super, und wenn schon nach der ersten Frage ein Nein kommt? Meiner Erfahrung nach ist das Risiko für ein Nein bei einer solch behutsamen Vorgehensweise relativ gering. Und wenn es doch kommt, findest du nachfolgend Ideen, damit umzugehen.

Wenn nur eine Seite sprechen möchte

Was tun, wenn dein Gegenüber jedes Gespräch abblockt? Du kannst einen ehrlichen Austausch nicht erzwingen, aber diese beiden Schritte solltest du nicht unversucht lassen, um die Gesprächstüre doch noch einen Spalt zu öffnen:

Schritt 1: Sprich darüber, was dich angesichts dieser Situation bewegt, beispielsweise so: „Es fällt mir gerade ehrlich gesagt schwer, dein Nein zu akzeptieren. Du würdest es mir wirklich erleichtern, wenn ich erfahren dürfte, wie es in dir aussieht und wie deine Gedanken dazu sind.“

Schritt 2: Frage nach, um gegebenenfalls die Rahmenbedingungen anpassen zu können: „Was brauchst du, damit wir ins Gespräch kommen können?

> Manchmal brauchen die Bereitschaft und der Mut, sich zu öffnen, ein wenig Zeit, um zu reifen.

Wenn hiernach weiterhin ein Gespräch nicht möglich ist, ist es vielleicht gerade (noch) nicht der richtige Zeitpunkt. Manchmal brauchen die Bereitschaft und der Mut, sich zu öffnen, noch ein wenig mehr Zeit, um zu reifen. Starte zu einem späteren Zeitpunkt einen neuen Anlauf!

Was tun bei unrealistischen Hoffnungen?

Hoffnungen und Wünsche, Ziele, die wir uns stecken, sind der Motor unseres Lebens. Sie treiben uns an, mitunter auch über Widerstände hinweg. Was ist aber nun auf der letzten Lebensstrecke? Darf es da gar keine in die Zukunft gerichteten Pläne mehr geben? Nein, das wäre fatal. Denn sie sind gerade in einer solchen Lebensphase die Motivation, nach vorne zu schauen. In dem ohnehin anstrengenden Alltag tut die Beschäftigung mit Wünschen und Zielen gut und ich behaupte, manche Lebensstrecke wird nur durch ein attraktives Ziel überhaupt noch gegangen. Die Hochzeit der Tochter oder die Einschulung des Enkelkinds noch zu erleben, sind ein wunderschöner Ansporn, für den es sich zu kämpfen lohnt.

Wie aber kannst du reagieren, wenn die schwer erkrankte Person einen völlig unrealistischen Wunsch äußert, beispielsweise „Ich freue mich schon so sehr, wenn wir nächsten Sommer endlich wieder in Dänemark sind“ – und du weißt mit ziemlicher Sicherheit, dass sie den nächsten Sommer nicht erleben wird. Mit einer unmittelbaren Antwort, zum Beispiel „Du, ich befürchte, dass dein Gesundheitszustand eine Reise im nächsten Sommer nicht zulassen wird“, bist du zwar sehr ehrlich, aber das Gespräch wäre sofort beendet und beide Seiten vermutlich traurig und frustriert.

Es gibt eine geschicktere Möglichkeit zu reagieren, nämlich eine, die ein Gespräch sachte entrollt und gleichzeitig Raum für schöne Erinnerungen gibt. Vielleicht würde das Gespräch dann ungefähr so ablaufen:

„Ich freue mich schon so sehr, wenn wir nächsten Sommer endlich wieder in Dänemark sind.“

„Hach, ja, Dänemark … das Land unserer schönsten Sommerurlaube. Dort konnten wir so viele wundervolle Erinnerungen sammeln. Weißt du noch, wie wir mit den Kindern Bullerbü gesucht haben?“

„Ja, was für Zeiten! Die Kinder konnten es auch immer kaum erwarten. Und die Bücher von Astrid Lindgren haben wir dort rauf und runter vorgelesen!“

„Stimmt! Und weißt du noch, die dänischen Eisdielen. Nirgends sonst gab es solche riesengroßen Eisbecher! Was waren wir satt danach, da brauchte es kein Abendessen mehr. Was war eigentlich dein Lieblingseis dort?“

„Schokolade … und Joghurt … mir läuft schon bei dem Gedanken daran das Wasser im Mund zusammen.“

Schweigen. Nachdenkliche Erinnerung.

„Es wäre schon schön, noch einmal dort zu sein. Den Sonnenuntergang am Meer zu erleben. Mit Picknick, so wie damals.“

„Meinst du, wir schaffen das noch einmal gemeinsam?“

„Um ehrlich zu sein, bin ich mir da nicht ganz sicher. Was meinst du?“

„Hm. Ist schon noch lange hin …“

Längere Pause, die Antwort setzt sich.

„Vielleicht sollten wir einfach die nächste Eisdiele ansteuern und dort ein fettes Schokoladeneis essen.“

Ähnlich wie im Beispiel im vorherigen Absatz nähert sich auf diese Weise das Gespräch schrittweise dem Kern, der unangenehmen Realität. Gleichzeitig haben alle Beteiligten Freude an den geteilten Erinnerungen. Denke immer daran: Es darf zutiefst traurig und im selben Moment auch schön sein, mitunter sogar lustig. Das eine schließt das andere nicht aus.

Es darf zutiefst traurig und im selben Moment auch schön oder lustig sein – das eine schließt das andere nicht aus.

Humor als Katalysator

Das Leben hört nicht auf, lustig zu sein, wenn Menschen sterben. Genauso wenig wie es aufhört, ernst zu sein, wenn Menschen lachen.

George Bernard Shaw

Ist Humor, ein ausgelassenes Lachen, eine Prise Ironie überhaupt in einer solchen schweren Lebensphase erlaubt? Dürfen wir noch so etwas wie Lebensfreude spüren? Das sind Fragen, die ich immer wieder höre. Meine Antwort: ein klares Ja!

Wenn wir Sterben immer nur als etwas ganz Ernstes, nahezu „Heiliges“ betrachten, geht uns jegliche Spontaneität und Leichtigkeit verloren. Es gehört zu unserem Menschsein dazu, wie schon an verschiedenen Stellen in diesem Buch geschrieben, dass wir die ganze Bandbreite von Gefühlen spüren können – und zwar bedingungslos. Mitunter stellt unser Gehirn solche verrückten Bedingungen auf, zum Beispiel: „Weinen darf ich nicht in Gegenwart von anderen“ oder „Für meine Hoffnungslosigkeit ist es noch gar nicht schlimm genug“ oder eben „Lachen und Sterben gehören nicht zusammen“. Doch manchmal sind Situationen gleichermaßen zum Lachen und zum Weinen, warum sollten wir uns diese Form der Lebendigkeit versagen?

Humor gibt Wind unter die müden Flügel

Humor schafft Räume, wo keine zu sein scheinen. Er ist ein wahrer Türöffner. Mit Bedacht und ganz behutsam eingesetzt, kann Humor einem intensiven, schwierigen Moment eine Prise Normalität, Leichtigkeit und Wärme geben. Manch unerträgliche Situation wird durch ein Augenzwinkern einen Deut erträglicher. Und manchmal hilft auch eine Portion Galgenhumor, denn der sorgt für eine gesunde Distanz zur Situation und ist ein Ventil, um bei Überforderung Druck abzulassen.

> Humor schafft Räume, wo keine zu sein scheinen, und ist ein wahrer Türöffner.

Grundvoraussetzung, damit Humor am Lebensende mit dem Gegenüber in Resonanz geht, ist die Haltung. Es braucht eine gehörige Portion Feinfühligkeit für die Situation, Achtung dem anderen gegenüber und Zuneigung. So können liebevolle, heitere Bemerkungen den gewünschten Effekt der Leichtigkeit und Lebendigkeit erzielen. Ein kleiner Windhauch unter die müden Flügel!

Thomas erzählt mir von seiner Frau Jutta, die aufgrund einer ALS-Erkrankung bereits im Rollstuhl saß, als sich folgende Situation begab: Er hatte sie zu ihrer Lieblingsfriseurin gebracht, die sich bemühte, den richtigen Farbton für die Haare anzurühren. Jutta spürte wohl die Beklemmung in der Luft und lockerte die Situation mit der Bemerkung auf: „Ist ja nicht für die Ewigkeit!" Damit baute sie eine liebevolle Brücke – so wertvoll, weil das Umfeld schwer erkrankter Menschen oft um jedes Wort ringt bzw. lieber schweigt, um keinen Fehler zu machen.

Manchmal entwickelt sich auch ein Running Gag, ein immer wiederkehrender Satz, der direkt die Tür zur Leichtigkeit sperrangelweit aufstößt:

Meine Freundin Petra besteht darauf, dass ich sie einmal beerdigen solle. Sie hasst es, im Bett zu frieren, daher geht sie, zumindest in der kühleren Jahreszeit, immer mit ihrer geliebten Wärmflasche ins Bett und hat diese auch auf Reisen stets dabei. Bei jeder passenden Gelegenheit bekomme ich heute schon ins Auftragsbuch geschrieben: „Und Christine, denk bloß an meine Wärmflasche! Ohne die gehe ich nicht auf meine letzte Reise!"

Hilfreich ist es auch, wie immer im Leben, auch am Lebensende über sich selbst lachen zu können. Manche Situationen auf der letzten Etappe können sehr chaotisch sein. Wir geben unser Bestes, finden uns aber plötzlich in einer komischen, vielleicht sogar absurden Situation wieder. Dann können wir manchmal nicht anders, als laut zu lachen! Ich möchte dich ermutigen, diese heiteren Momente ohne schlechtes Gewissen zuzulassen.

Ich erinnere mich an eine Situation, in der meine Mutter meinen sehr wackeligen Vater versuchte zu stützen. Mein Vater verlor sein Gleichgewicht, riss meine Mutter mit und beide landeten auf ihrem Allerwertesten. Sie waren zutiefst erschrocken und natürlich war es schmerzhaft, aber ihre erste Reaktion war ein herzhaftes Lachen, als sie sich dort unten auf dem Boden in die Augen schauten. Und mein Vater begann aus dem Rosenkavalier zu singen: „Da lieg ich, was einem Kavalier nicht alles passieren kann ..."

Lachen wirkt sich auch positiv auf körperliche Symptome aus. Beispielsweise aktiviert es das Herz-Kreislauf-System, reduziert Stresshormone, weitet die oberen Atemwege und sorgt für die Ausschüttung von Serotonin und Dopamin, die beide als unsere „Glückshormone“ gelten. Alle diese physiologischen Auswirkungen sollten wir uns doch in einer hoch emotionalen Lebensphase zunutze machen, oder nicht?

Offene Baustellen

Mitunter tauchen auf der letzten Lebensstrecke Baustellen auf: Lange vor uns hergeschobene Gespräche, schwelende Konflikte, unangenehme Themen auf der To-do-Liste und dergleichen mehr. Du hast die Wahl, sie mit Bauzäunen zu versehen und stillzulegen oder vielleicht das eine oder andere Thema doch noch anzugehen und vielleicht sogar zu einem guten Ergebnis zu bringen. Es gehört eine gehörige Portion Mut dazu, dir das, was dich bewegt oder belastet, von der Seele zu reden. Manch unangenehmes organisatorisches Thema sorgt für immense Erleichterung, wenn wir es endlich erledigt haben.

Es gehört eine gehörige Portion Mut dazu, dir das, was dich bewegt oder belastet, von der Seele zu reden.

Wenn du Gespräche rund um die „letzten Dinge“ vor dir herschiebst, kannst du dir in den Kapiteln „Die Zeit bis zur Beisetzung“ (S. 152) und „Rechtliches“ (S. 174) Wissen dazu anlesen, um dazu in den Austausch mit den Beteiligten zu gehen bzw. organisatorische Notwendigkeiten zu erledigen.

Im Angesicht des eigenen Todes: Der Blick zurück

Wie schaust du auf dein Leben zurück? Bist du im Frieden mit dem, was war, mit all den Weggabelungen, die du genommen hast, mit den getroffenen Entscheidungen? Bist du im Reinen mit deinen Beziehungen und Freundschaften, auch mit denen, die sich nicht aufrechterhalten ließen? Dann spüre einmal intensiv diesem guten Gefühl nach, entdecke es in deinem Körper und genieße dieses warme, zufriedene Gefühl. Du brauchst dann in diesem Kapitel nicht weiterzulesen!

Wenn Konflikte dein Herz schwer machen

Zeiten des Abschieds spülen häufig noch einmal die nicht gelösten Konflikte ans Tageslicht. Ich nenne sie gern die „offenen Enden“ oder Löcher unseres Lebensnetzes, dort wo Verbindungen durchschnitten und nicht weitergeknüpft wurden. Die damit einhergehenden Emotionen wie Schuld oder Scham, vielleicht auch Wut, Verzweiflung oder Hoffnungslosigkeit liegen im Angesicht des Lebensendes besonders schwer auf der Seele, gerade dann, wenn sie sich über Jahre angestaut haben. Gehen diese auch noch mit einem Gefühl von Verbitterung einher, erschwert dies ein friedliches Sterben und Loslassen. Daher lohnt sich der Blick in diese Löcher im Gewebe.

Häufig erlebe ich, dass sich nun, wo die letzte Lebensstrecke angebrochen ist, manche vermeintlich verfahrene Situation – in einem anderen Licht betrachtet – befrieden lässt. Zertrennte Fäden können dann doch neu geknüpft werden. So ist es möglich, nicht nur mit anderen, sondern auch mit sich selbst ins Reine zu kommen. Wie schön ist die Vorstellung, ohne diesen Ballast im Gepäck die letzte Reise oder auch den eigenen Trauerweg antreten zu können!

Unausgesprochenes aussprechen

Wie kannst du nun diese belastenden Themen angehen? Im ersten Schritt lade ich dich ein, für dich Bilanz zu ziehen und erst einmal die Menschen zu identifizieren, denen du etwas bisher nicht oder nicht ausreichend Ausgesprochenes sagen möchtest.

Nicht gesagte Sätze können sich am Ende schwer auf die eigene Seele legen.

Wie oft lassen wir im Miteinander den Moment verstreichen, in dem wir sagen könnten: „Wie schön, dass du da bist. Danke, dass es dich gibt. Danke für deine Freundschaft." Denn auch diese nicht gesagten Sätze können sich am Ende schwer auf die eigene Seele legen. Zugleich sind sie kleine Schätze für die Zurückbleibenden, auf die sie sich später in ihrer Trauer besinnen können.

Konflikten ins Auge schauen

Um konfliktbeladene Beziehungen zu befrieden, braucht es zunächst Klarheit, was du gern noch erreichen möchtest. Geht es dir um eine Aussprache? Möchtest du vergeben? Ist dir Aussöhnung ein Anliegen? Wenn du das erst einmal für dich sortiert hast, benötigst du eine Portion Mut für den ersten Schritt.

Vielleicht kann dich dazu die Angst vor einer verpassten Gelegenheit motivieren. Nimm Kontakt auf – der Möglichkeiten gibt es ja viele: per E-Mail, WhatsApp, Messenger oder auch ganz traditionell, indem du zum Telefonhörer greifst oder einen Brief schreibst. Hierbei geht es erst einmal nur darum, den Kontakt herzustellen und den Wunsch für ein Gespräch zu äußern. Bestenfalls könnt ihr dann zügig einen Termin dafür vereinbaren.

Reden – aber wie?

In zerrütteten Beziehungen, in denen vielleicht schon jahrelang nicht mehr miteinander gesprochen wurde, erscheint es auf den ersten Blick vermutlich undenkbar, jemals wieder ins Gespräch zu kommen. Das nahende Lebensende ebnet dafür meiner Erfahrung nach häufig den Weg. Und dennoch können ein paar Gesprächsregeln helfen, eine ruhige, nicht so aufgeheizte Kommunikation zu ermöglichen. Zu leicht fallen beide Seiten sonst zurück in alte Muster und landen wieder in der gleichen Zerstrittenheit wie zuvor.

> Ein paar Gesprächsregeln können helfen, eine ruhige, nicht so aufgeheizte Kommunikation zu ermöglichen.

Hier ein paar Ideen für solche Vereinbarungen:

- Achte auf ein entspanntes Beisammensein ohne äußere Störfaktoren. Dazu gehört auch, dass du dir Gedanken machst, wer an einem Gespräch teilnimmt. Wenn du dich zum Beispiel mit einem Kind aus deiner ersten Ehe aussprechen möchtest, macht es Sinn, dass dein heutiger Partner/deine Partnerin zunächst nicht dabei ist. Auch eine Aussprache mit einem Freund oder einer Freundin sollte eher unter vier Augen stattfinden als mit den dazugehörigen Partnerinnen bzw. Partnern.
- Manchmal fällt es leichter, sich beim Sprechen nicht anzuschauen. Beim Spazierengehen ist dies beispielsweise automatisch der Fall. Zudem ist Spazierengehen Bewegung und die setzt Glückshormone frei. Oder ihr nehmt auf einer gemütlichen Bank mit Blick in den Garten oder an einem anderen schönen, vielleicht auch für beide Seiten neutralen Ort Platz.

- Mit dem Gesprächseinstieg kannst du vorhandenem Gegenwind ein wenig den Wind aus den Segeln nehmen, indem du erklärst, worum es dir geht, zum Beispiel so: „Ich habe dich um dieses Gespräch gebeten, weil uns beiden nicht mehr viel Zeit miteinander bleibt. Ich möchte daher gar nicht in alten Geschichten wühlen, sondern mit dir gemeinsam schauen, wie vielleicht ein Hauch von Versöhnung möglich ist. Ich bin dazu auf jeden Fall bereit und möchte dich bitten, mich erst einmal aussprechen zu lassen."

Vielleicht spürst du auch, dass die Hürde, ein anspruchsvolles Gespräch nach langer Funkstille allein zu führen, viel zu hoch ist. Dann ist es ratsam, sich eine neutrale Person als Moderator oder Moderatorin dazuzuholen. Das könnte jemand vom ambulanten Hospizdienst sein oder auch eine Sterbeamme/ein Sterbegefährte. Vielleicht hat eine solche vermittelnde Rolle aber auch jemand in deiner Familie ohnehin schon inne, wie in diesem Beispiel:

Katharina hat ihre Mutter acht Jahre lang mit einer schweren Krebserkrankung begleitet. Ihre Mutter wollte nicht schulmedizinisch behandelt werden, sie akzeptierte ausschließlich alternative Heilmethoden, was in der Familie schwierig auszuhalten war. Katharina war das Sprachrohr zwischen ihrer Mutter und ihrem Vater bzw. ihren Geschwistern: Sie hat die Bedürfnisse der einzelnen Familienmitglieder übersetzt. Denn hinter jedem Argument und jedem Vorwurf steckte eigentlich ein Bedürfnis, das wahrgenommen werden wollte.

Nachdem anfangs viel zu Bruch gegangen ist, konnte Katharina immer mehr den Blick lenken weg von „Wer hat Recht?" hin zu „Wer hat welches Bedürfnis?". Sind diese nämlich transparent, entsteht ein neues Verständnis für die Sicht des anderen und kann somit Ruhe einkehren.

Ho'oponopono – ein Vergebungsritual

Wir alle machen Fehler, das ist zutiefst menschlich. Manche Fehler können wir uns selbst und auch anderen gut verzeihen. Andere liegen wie Wackersteine auf unserer Seele. Wenn wir sagen, dass wir uns „schwarzärgern", gibt uns das ein gutes Bild unseres Gemütszustands: düster-dunkel, vielleicht sogar bedrohlich liegt der Ärger wie eine schwere Decke auf uns. Das ist schmerzhaft und lässt uns viele schöne Gefühle wie Liebe, Freude, Leichtigkeit oder Zuversicht nur gedämpft, wenn überhaupt, wahrnehmen. Nachtragende Gedanken, die auch Jahre später immer wieder in denselben Vorwurfschleifen festhängen, sitzen wie ein Stachel und verhindern inneren Frieden.

Nachtragende Gedanken sitzen noch Jahre später wie ein Stachel und verhindern inneren Frieden.

Ein aus Hawaii stammendes Ritual namens Ho'oponopono kann dabei helfen, sich selbst und anderen zu vergeben. In den USA gilt es heutzutage sogar als Therapie, maßgeblich geprägt durch den Arzt Dr. Hew Len. Ho'oponopono bedeutet „etwas in Ordnung bringen" und hat in der hawaiianischen Kultur eine lange Tradition. Insbesondere in Großfamilien setzt man sich regelmäßig zusammen, spricht über alles, was nicht rund läuft und führt dann dieses Vergebungsritual durch. Es hilft nicht nur dabei, Probleme zu lösen und sich mit anderen auszusöhnen, sondern vor allem auch Verantwortung für sich selbst und das eigene Handeln zu übernehmen und gleichzeitig das Mitgefühl für andere zu stärken.

Dr. Len reduzierte das im Ursprung umfangreichere Ritual auf diese vier Sätze: „Es tut mir leid. Bitte verzeih mir. Ich liebe dich. Danke."

Schauen wir uns nun etwas genauer an, wie du diese vier Schritte der Vergebung anwenden kannst:

1. **„Es tut mir leid.“** Wofür möchtest du dich entschuldigen? Führe dir vor Augen, was genau du bereust, und gestehe dir deine Fehler ein. Es geht um dein eigenes Handeln, nicht um äußere Umstände oder andere Auslöser, mit denen du dich erklären möchtest. Jetzt bitte keine Ausflüchte mehr! Übernimm Verantwortung für das, womit du andere verletzt hast. Sprich den Satz „Es tut mir leid“ aufrichtig und mit geöffnetem Herzen aus.
2. **„Bitte verzeih mir.“** Bitte aus tiefstem Herzen um Vergebung für deine bewussten und unbewussten Fehler und die Verletzungen, die du zugefügt hast. Bitte um Verzeihung, dass du ein Teil des Problems warst. Natürlich kannst du auch dich selbst um Verzeihung bitten.
3. **„Ich liebe dich.“** Ganz unabhängig davon, was sich einmal ereignet hat, signalisiert dieser Satz bedingungslose Liebe oder Zuneigung. Das bedeutet nicht, dass du gutheißen musst, wenn dich jemand verletzt hat. Jeder Mensch macht Fehler und diese sollten die Zuneigung und Liebe nicht schmälern. Verletzung und Liebe dürfen nebeneinander stehen. Sprich diesen Satz aufrichtig und mit Blickkontakt aus. Gleichzeitig kannst du auch dir selbst diese Liebe zusagen. Wertschätze dich mit allen deinen Fehlern und Unzulänglichkeiten.
4. **„Danke.“** Mit diesem bewusst ausgesprochenen Dank würdigst du, dass du das Problem erkannt hast und es gemeinsam mit den Beteiligten heilen durftest. Danke für das Gute, das in dieser Situation steckt. Danke für die miteinander gemachte Erfahrung. Danke auch dir selbst.

Wie geht es dir bei der Vorstellung, dieses Ritual durchzuführen? Fühlt es sich noch ein wenig sperrig an? Vielleicht gibt es dir genau die Struktur, die du brauchst, um dich überhaupt an die Lösung eines lange schwelenden Konflikts heranzuwagen. Im allerersten Schritt kannst du das Ritual ganz allein für dich durchgehen und alles aufschreiben, was dir auf der Seele liegt. Ganz häufig bringt das schon die nötige innere Ruhe, um dann tatsächlich mit der betreffenden Person ins Gespräch zu gehen.

Geh zunächst das Ritual ganz allein für dich durch, um dann mit innerer Ruhe ins Gespräch zu gehen.

Wenn die andere Konfliktpartei bereits verstorben ist

Auch solche Konflikte liegen schwer auf der Seele, die hier auf Erden gar nicht mehr geklärt werden können, weil die andere Seite dir bereits vorausgegangen ist. Natürlich kannst du darauf setzen, dass ihr euch „auf der anderen Seite“ begegnen werdet und dort, wie es heißt, die irdischen Probleme keine Rolle mehr spielen. Aber vielleicht macht es dir auch Angst, jemandem im Jenseits mit einem ungeklärten Thema gegenüberzustehen. Oder du kannst mit diesem Gedanken an ein Weiterleben nach dem Tod ohnehin nicht viel anfangen. Wie auch immer, es ist hilfreich, für dich im Hier und Jetzt mit einer Situation ins Reine zu kommen.

Das hawaiianische Vergebungsritual kannst du auch für dich allein anwenden. Es wird dir guttun, dir alles Belastende von der Seele zu schreiben oder, wenn dir Schreiben schwerfällt, es für dich auszusprechen. Du kannst dir dazu ein Bild des verstorbenen Menschen aufstellen oder an dessen Grab sprechen. Die Entlastung zeigt sich dann meist unmittelbar auch körperlich, beispielsweise durch ein nachlassendes inneres Druckgefühl, aufgerichtete Schultern oder einen entspannteren Nacken.

KINDER EINBEZIEHEN

Wie sage ich meinem Kind, dass der Papa todkrank ist?
Wann ist dafür der richtige Zeitpunkt?
Sollte ich mit meinen Kindern überhaupt über den Tod sprechen oder belaste ich sie damit zu schwer?
Verstecke ich meine Tränen besser oder darf ich sie zeigen?
Kann ich etwas falsch machen im Umgang mit Kindern?

Solche und ähnliche Fragen beschäftigen Eltern, wenn Familienangehörige oder nahe Freunde sterbenskrank oder die Großeltern altersschwach sind.

In diesem Kapitel möchte ich dich ermutigen, Kinder und Jugendliche frühzeitig zu beteiligen und ihnen auf diese Weise wertvolle Lern- und Wachstumserfahrungen für ihr ganzes Leben zu ermöglichen. Ich spreche der besseren Lesbarkeit wegen von „Kindern“, beziehe aber gleichermaßen Jugendliche mit ein. Im Übrigen gilt es auch, bei jungen Erwachsenen umsichtig zu sein, denn auch diese – von denen wir meinen, sie kämen schon klar – benötigen häufig besondere Unterstützung durch ihre Eltern oder andere erwachsene Bezugspersonen.

Zutrauen statt zumuten

> Viel zu oft wird viel zu lange geschwiegen – die denkbar schlechteste und einzig wirklich „falsche" Lösung.

Kinder in das Alltagsgeschehen, zu dem nun auch Sterben und Tod gehören, einzubeziehen, geht häufig mit großem Unbehagen und ganz viel Unsicherheit einher. Viel zu oft wird viel zu lange geschwiegen – und um es gleich vorwegzunehmen: Das ist die denkbar schlechteste und einzig wirklich „falsche" Lösung. Bitte führe dir immer vor Augen, dass Kinder in dieser Lebensphase für ihr gesamtes Leben geprägt werden. Lernen sie jetzt, dass Totschweigen offensichtlich normal ist, werden sie diese Strategie auch später anwenden. Die eigenen Prägungen aus Kindheitstagen im Erwachsenenalter „umzuprogrammieren", weil sie als wenig hilfreich erkannt werden, ist dann ein langwieriger und häufig schmerzvoller Prozess.

Die Last des Ungesagten

Maria trauert um ihren an Krebs verstorbenen Mann. Als sie zum ersten Mal in meine Praxis kommt, bricht es sofort aus ihr heraus: „Ich weiß gar nicht, wie Trauern geht. Meine Mutter starb ebenfalls an Krebs, da war ich gerade zehn Jahre alt. Ein Jahr lang ahnte ich, dass irgendetwas nicht stimmt, aber niemand sagte mir etwas. Ich dachte immer, mit mir sei etwas falsch. Erst drei Tage vor ihrem Tod verriet mir mein Vater, dass Mama sterben wird. Und danach: auch wieder das große Schweigen. Ich traute mich nicht, meine Traurigkeit zu zeigen, weil ich meinem Vater nicht noch mehr Kummer bereiten wollte. Jetzt nach dem Tod meines Mannes kommt der ganze alte Schmerz wieder hoch, den ich damals verdrängt habe."

Vielen Menschen geht es ähnlich wie Maria. Die Auswirkungen des frühen Todes eines Elternteils sind mittlerweile gut erforscht. Aus

Interviews mit Erwachsenen, die als Kind ein Elternteil verloren haben, wissen wir, dass diejenigen, die vor dem Tod darüber wussten, die mit eingebunden waren und sich verabschieden konnten, den Verlust besser verarbeiten als diejenigen, die mit ihren Ängsten alleingelassen wurden und sich nicht zu Lebzeiten verabschieden konnten.

Familiengeheimnisse belasten Kinder ungemein, denn auch das Unausgesprochene ist für sie spürbar. Kinder haben sehr feine Antennen – viel feinere als wir Erwachsene! Sie nehmen wahr, dass sich der Tonfall bei bestimmten Gesprächen ändert. Sie nehmen wahr, wenn die Mama sich plötzlich mit feuchten Augen wegdreht. Und sie ahnen viel früher, als wir meinen, dass ihnen nicht die ganze Wahrheit über Papas Krankenhausaufenthalte gesagt wird.

> Familiengeheimnisse belasten Kinder ungemein, denn auch das Unausgesprochene ist für sie spürbar.

Die Krux ist: Kinder analysieren das nicht mit dem Verstand und trauen sich in dieser Atmosphäre des Schweigens meist auch nicht nachzufragen. Vielmehr beziehen sie die seltsame Stimmung auf sich selbst und ihr Verhalten. So entstehen Gefühle von Scham oder Angst, nicht „richtig“ zu sein oder es nicht wert zu sein, die Wahrheit zu erfahren. So wird ein großer Rucksack geschnürt, an dem sie oft Zeit ihres Lebens schwer zu tragen haben.

Wie du Kinder stärken kannst

Wir meinen immer, dass wir Kinder beschützen, indem wir sie von schweren Themen fernhalten. In Wahrheit ist es genau andersherum: Der beste Schutz, den wir ihnen für ihr Leben geben können, ist, ihnen in solchen schweren Situationen emotionale Kompetenzen zu vermitteln. Wir muten es ihnen nicht zu, sondern wir trauen ihnen zu, ihrem Alter entsprechend mit Abschied und Verlust umzugehen. Kinder, die liebevoll begleitet werden und vor allem jede Frage stellen und jedes Gefühl zeigen dürfen, finden ihren eigenen, kompetenten Weg, mit der Situation umzugehen.

Kinder haben ein Recht auf Information

Wie geht es dir, wenn du viel zu spät vor vollendete Tatsachen gestellt wirst? Wie fühlst du dich, wenn du herausfindest, belogen worden zu sein? Vermutlich enttäuscht, verraten, verletzt – und genauso fühlen sich auch Kinder! Wie jeder andere Mensch auch haben sie ein Recht darauf, informiert zu werden. Natürlich ist es ratsam, die ganze Wahrheit so zu dosieren, dass das Kind sie seinem Alter entsprechend verkraften kann. Max Frisch hat dafür in seinen Tagebüchern ein schönes Bild verwendet: „Man sollte dem anderen die Wahrheit wie einen Mantel hinhalten, dass er hineinschlüpfen kann, und sie ihm nicht wie einen nassen Lappen um die Ohren schlagen.“ Das Bild des Mantels gefällt mir: Er gibt Schutz, Wärme und Geborgenheit, genau das, was Kinder in dieser schweren Zeit benötigen.

> Wie jeder andere Mensch auch haben Kinder ein Recht darauf, informiert zu werden.

Ein vierjähriges Kind braucht keine detaillierte Erklärung der Diagnose und Behandlungsmöglichkeiten. Aber es hat ein Recht zu erfahren, dass die Mama sehr schwer krank ist und deswegen immer wieder ins Krankenhaus muss, damit die Ärzte ihr helfen können. Der zehnjährige Bruder erfasst bereits mehr Zusammenhänge, sodass die Krankheit benannt und konkreter erklärt werden kann, welche Behandlungen anstehen.

Die Kompetenz der Kinder achten

Mit ihrer angeborenen Neugier auf das Leben und ungetrübten Intuition bringen Kinder eigentlich alles mit, um einen ganz natürlichen Umgang mit dem Sterben und dem Tod zu finden. Das Problem sind eher wir Erwachsenen, die vor lauter anerzogener Ratio das Fühlen verlernt haben.

Als Bestatterin habe ich eine Familie begleitet, in der der Vater an einem plötzlichen Herztod verstorben war und neben seiner Frau drei halbwüchsige Kinder hinterließ. Mit der Situation überfordert und völlig paralysiert saßen nun diese vier Menschen vor mir. Mir wurde schnell klar, dass die Mutter ihren Kindern Sprachlosigkeit vorlebte und die Kinder sich daher zunächst gar nicht trauten, den Mund aufzumachen. Nele, die 16-jährige Tochter, schien schnell Vertrauen zu mir zu fassen.

Nachdem das Eis erst einmal gebrochen war, fragte sie mir mutig Löcher in den Bauch. Als ich vorschlug, gemeinsam den Sarg zu bemalen, war sie als Einzige sofort Feuer und Flamme. Nun übernahm Nele das Steuer: Sie zog die anderen mit, ermutigte sie mitzukommen, drückte ihnen Pinsel in die Hand. Ihre Mutter unternahm immer wieder zaghafte Versuche, sie zu bremsen, weil ihr der Enthusiasmus ihrer Tochter nicht ganz geheuer war. Mit ein paar Tagen Abstand gestand die Mutter mir, dass sie sich zwar zunächst von Nele überrumpelt gefühlt hatte, nun aber froh und dankbar darüber sei, diesen für alle heilsamen Abschied erlebt zu haben.

Kinder möchten mit ihren Fragen häufig einfach nur Fakten ergründen:

Der zehnjährige Leon wollte unbedingt wissen, warum das Loch für den Sarg des Opas so tief ist. Hätte er gekonnt, hätte er alles exakt ausgemessen.

Mit einer kindgerechten Erklärung kannst du dein Kind auf anspruchsvolle Situationen vorbereiten. Wenn ihr beispielsweise die Mama im Krankenhaus besucht, die an Schläuchen liegt, dann sprich im Vorfeld darüber, damit das Kind nicht erschrickt. Wenn Kinder wissen, wofür die vielen Apparate gut sind, können sie sich viel besser auf das Zwischenmenschliche einlassen.

Petras Mutter lag im Krankenhaus. Es war klar, dass sie nicht mehr lange leben würde. Petra wollte ihren 8- und 10-jährigen Söhnen unbedingt ermöglichen, die Oma noch einmal zu sehen und sich von ihr zu verabschieden. Sie bereitete sie darauf vor, dass Oma verändert aussah und dass sie durch ein Tracheostoma atmete, eine Kanüle, die das Atmen erleichtert. Dieses Wissen nahm Leonard und Philipp den Schrecken. Beide erinnern sich heute gern an den liebevollen Abschiedsmoment mit ihrer Oma.

Trauer zeigt sich ganz unterschiedlich

Kinder finden ihre ganz eigene Ausdrucksform für ihren Schmerz und ihre Traurigkeit. Die einen ziehen sich eher zurück, andere reden sehr viel. Die einen reagieren sehr emotional, weinen viel, andere wirken eher sachlich-nüchtern. Manche meiden das Zuhause und verabreden sich viel mit Freunden. Nicht immer ist das Verhalten als Trauer erkennbar.

Versuche immer wieder Gesprächsangebote zu machen, indem du über deine eigenen Gefühle sprichst.

Sei daher wachsam und achte auf die Kleinigkeiten im Miteinander. Wechselt dein Kind das Thema, wenn das Gespräch auf die Krankheit kommt? Siehst du feuchte Augen, aber die Sprache ist betont lässig? Versuche immer wieder Gesprächsangebote zu machen, indem du über deine eigenen Gefühle sprichst.

Das öffnet oft die Tür, damit Kinder sich trauen, ihre Gedanken zu äußern.

Die meisten Erscheinungsweisen von Trauer sind völlig in Ordnung. Für Kinder ist es eine wichtige Erfahrung zu erleben, dass sie so sein dürfen, wie sie sind. Greife jedoch ein, wenn Grenzen überschritten werden. Manchmal schlägt Trauer in Wut oder Aggression um. Dann darfst du deinem Kind sagen: „Ich verstehe, dass du traurig bist. Es ist gerade eine schwere Zeit für dich und für uns alle. Aber deswegen deinen Klassenkameraden zu verprügeln, ist nicht in Ordnung."

Um das Verhalten deines Kindes richtig einordnen zu können, empfehle ich dir, Erzieher bzw. Lehrkräfte über die Situation daheim zu informieren. So könnt ihr Hand in Hand arbeiten und bei ungünstigen Entwicklungen das Kind gemeinsam unterstützen.

Im Gespräch bleiben

Ja, es ist durchaus anspruchsvoll, immer wieder das Gespräch mit Kindern zu suchen. Viel zu einladend ist der Gedanke, dass es ihnen sicher gut geht, wenn sie nicht von sich aus über die Situation sprechen. Es könnte jedoch auch sein, dass dein Kind oder Enkelkind den Elefant im Raum nicht anspricht, weil es dich schützen möchte. Du als erwachsene Person solltest die Fäden in der Hand halten. Du baust mit deinen Gesprächseinstiegen Brücken für dein Kind, das Unaussprechliche in Worte fassen zu können.

Achte auf deine Formulierungen

Kinder nehmen dich beim Wort. Wenn du versuchst zu beruhigen mit Sätzen wie „Der Papa wird bestimmt wieder gesund“ oder „Bald ist alles wieder gut und wir machen einen richtig schönen Urlaub“, dann ist die Enttäuschung riesengroß, wenn es ganz anders kommt. Vermutlich spürt dein Kind ohnehin, dass du es mit diesen beschwichtigenden Sätzen anlügst. Mit Kindern hingegen offen und ehrlich zu sprechen, lässt Vertrauen wachsen und schweißt euch zusammen. „Papa ist sehr krank. Lasst uns gemeinsam überlegen, was wir an den Tagen unternehmen könnten, an denen er sich gut fühlt.“ Das wäre eine ehrliche Aussage, die gleichzeitig die Kinder einbezieht.

Vielleicht fürchtest du dich davor, keine passenden Antworten geben zu können. Zeige dich gerade auch dann ehrlich. Du darfst zugeben, wenn du selbst keine Antwort parat hast, denn manchmal gibt es tatsächlich keine (einfachen) Antworten. Und häufiger, als du denkst, findest du gemeinsam mit den Kindern Antworten.

Die schönsten und philosophischsten Gespräche über den Tod habe ich mit Kindern aller Altersstufen am offenen Sarg geführt.

Die schönsten und philosophischsten Gespräche über den Tod habe ich mit Kindern aller Altersstufen am offenen Sarg geführt. Dabei brauchte ich selbst gar nicht viel zu sagen. Die kindliche Perspektive bringt häufig sogar Entspannung in die Situation. Warum nicht einmal darüber philosophieren, ob es im Himmel Eiscreme gibt? Oder ob Papa und Opa künftig oben Skat spielen werden?

Sprachliche Bilder, die wir im Zusammenhang mit dem Tod gern benutzen, können Kinder sehr beunruhigen. „Mama ist friedlich eingeschlafen“ wirft die Frage auf, ob ich vielleicht auch in so einem Sarg lande, wenn ich das nächste Mal einschlafe. „Opa ist von uns gegangen“ könnte bedeuten, dass er bestimmt wiederkommt. Und wenn nicht, kommt dann Papa auch nicht wieder, wenn er das nächste Mal das Haus verlässt? Du merkst es: Kinder verstehen uns wortwörtlich. Benenne daher die Dinge beim Namen: Menschen schlafen nicht friedlich ein, sie sterben. Sie gehen nicht von uns, sondern sind tot.

Nimm dein Kind in den Arm oder biete ihm eine Schulter zum Anlehnen. So vermittelst du ein Gefühl von Geborgenheit.

Deine Gesprächsbereitschaft ist das A und O

Auch wenn es dir noch so schwerfällt, nimm dir Zeit, um mit deinen Kindern ins Gespräch zu kommen. Sie brauchen das Gefühl, dass ihre Gedanken und Fragen ernst genommen werden. Manchmal ist es einfacher, beim Tun ins Reden zu kommen. Zum Beispiel beim gemeinsamen Plätzchenbacken oder beim Basteln. Mit Jugendlichen, die sich entwicklungsgemäß ohnehin eher einigeln, kommst du beim Autofahren gut ins Gespräch. Ich habe daher gerade in dem Alter gern Fahrdienste übernommen, einfach weil es oft gute Möglichkeiten zum Reden waren.

Auch Körperkontakt tut meistens gut. Nimm dein Kind in den Arm oder biete ihm eine Schulter zum Anlehnen. So vermittelst du ein Gefühl von Geborgenheit, dein Kind fühlt sich im wahrsten Wortsinn gehalten.

Die wichtigste Botschaft: „Du bist nicht schuld"

Allzu leicht stellen Kinder einen kausalen Zusammenhang zwischen ihrem Verhalten und der Erkrankung ihrer geliebten Angehörigen her. „Weil ich so frech war, ist Papa krank geworden“, „Weil ich Mama so viel Stress gemacht habe, ist sie nun todkrank“, „Hätte ich nicht so viel gestritten, würde sie heute noch leben“. Dies sind Gedanken, die sich häufig verselbstständigen. Natürlich sind sie rational nicht begründbar, aber sie sind da. Deshalb ist es wirklich wichtig, Kindern immer und immer wieder deutlich zu machen, dass sie keine Schuld an der Erkrankung oder am Tod haben.

Du bist das Muster, an dem Kinder sich orientieren

Kinder sind von Beginn ihres Lebens an mit Tod und Abschieden konfrontiert. Sie finden einen toten Regenwurm. Ein Vögelchen ist aus dem Nest gefallen. Der beste Kumpel aus dem Kindergarten zieht weg. Sie wechseln vom Kindergarten in die Grundschule und von dort zur weiterführenden Schule. Sie lernen im Urlaub Freunde kennen, die weit weg wohnen. Bei all diesen kleinen und größeren Verlusten haben wir die Chance, Kinder in ihrer emotionalen Kompetenz zu stärken, indem wir ihre Gefühle und Bedürfnisse wahr- und ernst nehmen.

Mögliche stärkende Sätze könnten sein:

„Das Vögelchen ist tot. Wollen wir es liebevoll begraben und vielleicht ein Herz aus Blättern auf das Grab legen?"

„Wie schade, dass Leon wegzieht. Ich verstehe, dass du sehr traurig bist. Lass mal überlegen, was du ihm mitgeben könntest, damit er eine Erinnerung an eure schöne Zeit im Kindergarten hat."

„Eure gemeinsame Zeit in der Grundschule endet. Ich verstehe, dass dich das traurig macht. Ihr hattet ja auch wirklich eine tolle Zeit miteinander. Das heißt aber nicht, dass deine Freundschaft mit Paula, Martha und Felix endet. Auch wenn sie nun auf andere Schulen gehen, kannst du dich weiterhin mit ihnen verabreden."

Wie verletzlich zeigst du dich selbst deinem Kind gegenüber? Sieht es dich weinen oder drückst du deine Tränen in seiner Gegenwart weg? Unangenehme Gefühle wie Trauer oder Angst verstecken wir gern. Das würden wir hingegen mit den schönen Gefühlen wie Freude oder Liebe nie tun! Die größte Sorge besteht häufig darin, weinen zu müssen. Aber was ist daran so schlimm, die Tränen zu weinen, die einfach nur Ausdruck großer Traurigkeit sind? Tränen zu weinen um einen Menschen, den wir so dolle liebhaben. Tränen gelten als „Perlen der Liebe" – auch Perlen entstehen in der Muschel im Schmerz, wenn ein Sandkorn in sie eindringt.

> Was ist daran so schlimm, die Tränen zu weinen, die einfach nur Ausdruck großer Traurigkeit sind?

Eine Kollegin sagte neulich den, wie ich finde, sehr passenden Satz: Traurig ist es, wenn wir nicht traurig sind. Für Kinder gilt genau dasselbe, was auch für dich als erwachsene Person gilt: Gefühle wollen gefühlt werden! Deine Kinder lernen von dir, wie das geht.

Den Bedürfnissen Raum geben und mitgestalten

Der wichtigste Grund, warum du Kindern gegenüber ehrlich sein solltest: Sie haben nur so überhaupt die Chance, ihre eigenen Bedürfnisse in die Situation einzubringen. Sie erleben eine Form von Selbstwirksamkeit, weil das, was sie denken und fühlen, einen Platz bekommt. Gemeinsam könnt ihr überlegen, wie ihr noch schöne Erinnerungen schafft. Kinder können das ausdrücken, was ihnen auf dem Herzen liegt: indem sie mit Mama im Bett kuscheln und sich Geheimbotschaften zuflüstern, Briefe schreiben oder malen, ein Kuscheltier schon zu Lebzeiten mit auf die letzte Reise geben. Weitere Ideen findest du im folgenden und im Kapitel „Die Zeit bis zur Beisetzung“ (S. 152).

ERINNERUNGEN SCHAFFEN

Im Abschnitt zur sogenannten vorweggenommenen Trauer (S. 27) habe ich das Modell der sechs Notwendigkeiten der Trauer nach Alan D. Wolfelt dargestellt. Vielleicht möchtest du dorthin noch einmal kurz zurückblättern, falls du es noch nicht gelesen hast.

Eine dieser Notwendigkeiten oder auch Traueraufgaben ist die dankbare Erinnerung an die gemeinsame Zeit, an all das, was euer Leben geprägt hat, an die großen und kleinen Ereignisse, die wie Inseln aus dem Meer der Zeit herausragen. Das Gute daran: Die Erinnerung von morgen ist das Tun von heute! Jetzt ist also der Moment, in dem ihr noch ganz bewusst Erinnerungen schaffen könnt. Von dem österreichischen Neurologen und Psychiater Viktor Frankl stammt der schöne Satz: „Für gewöhnlich sieht der Mensch nur das Stoppelfeld der Vergänglichkeit; was er übersieht, sind die vollen Scheunen der Vergangenheit. Im Vergangensein ist nämlich nichts unwiederbringlich verloren, vielmehr ist alles unverlierbar geborgen." Das, was ihr jetzt noch gemeinsam erlebt, ist unverlierbar geborgen – was für eine liebevolle Vorstellung.

Die Erinnerung von morgen ist das Tun von heute.

In diesem Kapitel möchte ich dir einen bunten Blumenstrauß an Möglichkeiten dafür binden. Wie immer gilt, dass du dir das heraussuchst, das zu dir bzw. zu euch passt.

Erleben

Was möchtest du noch erleben, was möchtet ihr noch gemeinsam erleben? Eine wahrhaft große Frage, für die ihr innehalten und euch gemeinsam Zeit nehmen könnt. Der Grat zwischen blindem Aktionismus und einem für alle Beteiligten „guten Maß“ ist schmal. Und es kann sein, dass die Bedürfnisse innerhalb eines Familiensystems oder der Partnerschaft unterschiedlich sind. Während die eine gern jede freie Minute in gemeinsame Aktivitäten investieren möchte, sehnt sich der andere vielleicht nach etwas ganz anderem.

Nicole erhielt eine Krebsdiagnose mit schlechter Prognose. Ihr größter Wunsch war es, ihre beiden Kinder noch möglichst lange begleiten zu können und in dieser Zeit so viel wie möglich gemeinsam zu erleben. Ihr Mann Jörg schilderte mir ein Schlüsselerlebnis:

„Nach einer langen und intensiven Arbeitswoche habe ich einen Sonntag sehr chillig auf der Couch verbracht. Abends habe ich ihr gesagt, dass das ein richtig guter Tag für mich war, und sie entgegnete mir, dass es für sie eher ein verlorener Tag war. Danach haben wir uns besser abgesprochen und viele Ausflüge an Wochenenden gemacht, waren häufig zu viert, meistens auch nur für einen Tag, auf einer ostfriesischen Insel. Raus, die Welt genießen, Ablenkung vom Alltag zwischen Chemotherapie und Arztbesuchen.“ Heute in der Rückschau nach Nicoles Tod sagt Jörg, dass es genau die richtige Entscheidung war.

VOM LANGEN ENDE AUS GEDACHT

Vielleicht gilt es also, diese Frage vom langen Ende her zu denken: Was würdest du nach dem Tod deines geliebten Menschen bereuen, nicht getan zu haben? Was kannst du jetzt tun, um schöne Erinnerungen für später zu schaffen?

Die eigenen Ressourcen und Bedürfnisse wahren

Ein Maßstab für euch könnte die Frage sein, was euch nun in dieser Situation nährt. In Zeiten, in denen die Akkus tendenziell gegen Null laufen, ist es umso wichtiger, gut mit den eigenen Kräften zu haushalten. Vielleicht gibt es Unternehmungen, die ihr bisher immer auf „später“ geschoben habt, die genau jetzt dran sind, weil sie euch guttun. Vielleicht sind es Begegnungen mit Freunden. Vielleicht möchtet ihr noch einmal ein paar Orte aufsuchen, mit denen ihr besondere Erlebnisse verbindet. Und vielleicht ist es tatsächlich auch mal ein ganz ruhiges Wochenende in den eigenen vier Wänden, das schöne Erinnerungen für später entstehen lässt.

In Zeiten, in denen die Akkus tendenziell gegen Null laufen, ist es umso wichtiger, gut mit den eigenen Kräften zu haushalten.

Wichtig wird sein, dass ihr immer wieder im Gespräch über eure Vorstellungen seid. Es gehört eine Portion Mut dazu, so wie Nicole es im vorangegangenen Beispiel gezeigt hat, ein Bedürfnis klar zu formulieren. Darin steckt die Chance, diese wertvolle Lebenszeit wirklich im Einklang mit den unterschiedlichen Bedürfnissen und Wünschen zu gestalten.

Bewusste Abschiede

Jetzt ist auch die Zeit, sich von Menschen, die einem besonders am Herzen liegen, ganz bewusst zu verabschieden. Ich weiß, es ist verdammt schwer – aber ohne Abschied wäre es noch schwerer.

André wusste, dass er aus dem Krankenhaus entlassen wird, um zu Hause mit palliativer Versorgung zu sterben. Es blieben ihm nur noch wenige Wochen. Gemeinsam mit seiner Partnerin stellten sie einen Plan auf, wer wann zu Besuch kommt, um ein letztes Bierchen gemeinsam zu trinken, Anekdoten von früher auszutauschen und Adieu zu sagen. So konnten sie gut dosiert die verbleibende Zeit füllen, denn André ermüdete schnell. Für die Freunde war es ein wichtiges Gefühl, willkommen zu sein und dabei die Familie nicht zu überfordern.

Besonders berührt hat mich, dass André seiner Partnerin noch einen Heiratsantrag gemacht hat. Die beiden lebten seit einigen Jahren zusammen, die Scheidung der ersten Ehe war noch nicht vollzogen. Christiane schrieb mir dazu: „Dass er noch verheiratet ist, scheint er nicht mehr zu wissen!" In einer kleinen, privaten Liebesfeier mit den engsten Freunden und Familienmitgliedern an ihrer Seite gaben sie sich nur wenige Tage vor Andrés Tod ihr ganz persönliches Jawort.

Schreiben

Schreiben ist für viele Menschen Balsam für die Seele. Die Gedanken, die im Kopf Karussell fahren, sortieren sich, wenn sie beim Schreiben auf das Papier fließen. Es ist, als ob durch die Tinte oder die Tastatur der ganze Ballast abfällt.

> Die Gedanken, die im Kopf Karussell fahren, sortieren sich beim Schreiben.

Für dich als betroffene Zugehörige kann es überaus hilfreich sein, die Belastungen dieser Zeit in einem Tagebuch festzuhalten, sie quasi auszulagern, wie auf eine externe Festplatte. Darin sind auch kleine Zeichnungen möglich oder Kollagen aus Papierschnipseln oder einer Restaurantrechnung.

Auf vielfältige Weise sammelst du Momente ein und hältst sie fest. So kannst du später nach dem Tod deines geliebten Menschen auch noch einmal nachlesen, was dich damals beschäftigt hat. Manche meiner Klientinnen und Klienten haben das gemacht und sind heute froh über ihre Aufzeichnungen. Mitunter staunend lesen sie dort Details nach, die ihnen bereits entfallen waren.

Briefe an die Lieben

Wenn du selbst gerade in deiner letzten Lebensphase bist, machst du deinen Lieben mit persönlichen Briefen ein großes Geschenk. Es sind kleine Schätze, die sie ganz sicher bis zum Ende ihres Lebens behutsam aufbewahren und immer wieder in liebevoller Erinnerung zur Hand nehmen werden. Vielleicht möchtest du dich für etwas bedanken, vielleicht lässt du das gemeinsame Leben wie in einem Film noch einmal Revue passieren, vielleicht möchtest du deinen Lieblingsmenschen ermunternde Worte mit auf den Weg geben.

Wenn deine Kraft nicht mehr reicht, um sie selbst zu schreiben, findest du bestimmt jemanden in deinem Umfeld, dem du die Briefe diktieren kannst. Oder du nimmst sie als Sprachnachricht mit dem Handy auf. Nur Mut!

Deine Lebensrückschau

Für die Zurückbleibenden ist es enorm heilsam zu erfahren, mit welchem Lebensfazit du diese Welt verlässt. Immer wieder erlebe ich Trauernde in meinen Begleitungen, die darüber nicht mit ihrem geliebten Menschen sprechen konnten. Diese Ungewissheit ist eine schmerzhafte Wunde im Trauerprozess.

Daher meine Einladung an dich: Schreibe für deine Lieblingsmenschen deine ganz persönliche Lebensrückschau auf. Auch für dich sortiert sich damit ganz bestimmt einiges und vielleicht kommst du dabei auch noch in Frieden mit Themen, die dich bisher aufgewühlt haben. Wie schaust du heute auf die verschiedenen Lebensabschnitte, deine Kindheit und Jugend, das junge Erwachsensein, die späteren Lebensstationen? Was ist heute in der Rückschau dein Fazit?

> Für die Zurückbleibenden ist es enorm heilsam zu erfahren, mit welchem Lebensfazit du diese Welt verlässt.

Auch ungewöhnliche Fragen kannst du für deine Nachwelt beantworten:

- Welche Träume vom Leben hattest du in deiner Jugendzeit?
- Gibt es Entscheidungen, die du bereust, und wenn ja, warum?
- In welchen Situationen hast du das Leben besonders geliebt?
- Was war dein schönstes Scheitern und warum?
- Welche Fußstapfen möchtest du der Welt hinterlassen?

Ich bin sicher, deine Lieben werden dir für immer dankbar sein, diese Gedanken nachlesen zu können, wann immer sie Sehnsucht nach dir haben. Du schenkst ihnen damit die Möglichkeit, sich mit dir jederzeit liebevoll verbinden zu können.

Video/Audio

Unsere heutigen Möglichkeiten, mit dem Handy „mal eben" eine Szene per Video festzuhalten, ist wohl Fluch und Segen zugleich. Manches Mal kommt es mir so vor, als ob wir das Leben nur noch durch den Handybildschirm hindurch erleben. Und dennoch ist es gerade auf der Zielgeraden des Lebens eine wundervolle Möglichkeit, Momente voller Liebe nicht nur als Foto, sondern auch in bewegten Bildern und mit Ton festzuhalten; der Kuschelmoment mit dem Enkelkind, das Geburtstagsständchen, der Blick aufs Meer und dergleichen mehr.

Gespräche am Lebensende

Vor vielen Jahren hat mich das Buch „Dienstags bei Morrie" von Mitch Albom sehr berührt. Immer dienstags besucht der Journalist Mitch seinen ehemaligen Professor Morrie Schwartz in dessen letzten Lebenswochen. Er denkt, er könne ihm dadurch Trost und Beistand schenken, doch es kommt genau umgekehrt: Mitch lernt in diesen Gesprächen, das Leben neu zu betrachten und zu verstehen. Sie sprechen über das Leben und den Tod, über die Liebe, über Gefühle, über das Älterwerden, über Vergebung. Und sie verabschieden sich ganz bewusst voneinander.

> Wie wäre es, wenn ihr euch regelmäßig zu Gesprächen am Lebensende verabredet?

Wie wäre es, wenn ihr euch regelmäßig zu solchen Gesprächen verabredet – und sei es nur für ein Viertelstündchen pro Woche –, in denen ihr tief eintaucht, eure Herzen öffnet und mutig auch über vermeintliche Tabuthemen sprecht? Wenn ihr dabei die Tonaufzeichnung des Handys mitlaufen lasst, gibt es für später einen zutiefst heilsamen Fundus an Gedanken, die ihr miteinander geteilt habt. Eine wahre Schatzkiste!

Botschaften an die Zurückbleibenden

In den Gesprächen, die ich mit den Zugehörigen zur Vorbereitung einer freien Trauerrede führe, frage ich immer danach, was der verstorbene Mensch wohl bei der Trauerfeier zu den Anwesenden sagen würde, wenn er es könnte. Eine Frage, die oft gar nicht so leicht zu beantworten ist.

Claudia erzählte mir, dass ihr Mann Manfred wenige Wochen vor seinem Tod ein Video aufgenommen hatte, das in der Trauerfeier abgespielt wurde. Er hatte eine klare und sehr tröstliche Botschaft für die Menschen, die er zurücklassen musste. Es war ein berührender Moment, voller Liebe, tieftraurig und heilsam zugleich.

DEINE BOTSCHAFT

Meine Inspiration für dich: Was ist die Botschaft, die du deinen Lieben hinterlassen möchtest? Vielleicht ist es nur ein Satz! Schreibe sie auf oder nimm sie als Audio auf, falls du das Video scheust.

Weitere kreative Gestaltungsmöglichkeiten

Es gibt unendlich viele Möglichkeiten, Erinnerungen festzuhalten. Eurer Kreativität sind keine Grenzen gesetzt. Was zählt, ist das, was dir bzw. euch Freude bereitet und zu einem wohligen, liebevollen Gefühl beiträgt. Nimm die hier aufgeführten Ideen als Gedankenanstoß. Bestimmt kommen dir weitere Ideen in den Sinn, die besonders gut zu deiner bzw. eurer Situation passen.

Erinnerungskiste

Nehmt eine besonders schöne Kiste, vielleicht auch einen alten Koffer, die bzw. den ihr mit Gegenständen aus eurem gemeinsamen Leben füllt. Das können Fotos sein, das Einstecktuch des Hochzeitsanzugs, Mitbringsel von euren Reisen, die abgewetzte Lederweste, ein Flacon des Lieblingsparfüms und vieles mehr. Teilt dabei die Geschichten, die mit diesen Dingen verbunden sind.

Fotobuch

Unsere digitalen Möglichkeiten machen das Gestalten von Fotobüchern sehr leicht. Sucht dazu Fotos aus eurem gemeinsamen Leben heraus, quasi eine Best-of-Sammlung. So holt ihr diese Momente noch einmal ganz nah heran, taucht in sie ein und badet in den Gefühlen, die damit verbunden sind. Das geht natürlich auch mit ganz viel Wehmut und Schmerz einher, aber daneben stehen eben auch die vielen schönen Gefühle voller Liebe, Dankbarkeit und Freude.

> Sucht Fotos aus eurem gemeinsamen Leben heraus, quasi eine Best-of-Sammlung.

Alternativ könnt ihr natürlich auch einen schönen Karton mit Fotos füllen oder das gute alte Fotoalbum zum Einkleben nutzen.

Lieblingsrezepte

Sehr häufig erzählen mir Klientinnen oder Klienten, dass sie sich an ein bestimmtes Gericht erinnern, aber leider das Rezept nicht haben, um es nachkochen zu können. In vielen Familien gibt es über Generationen tradierte Koch- oder Backrezepte. Mir läuft beim Schreiben schon das Wasser im Mund zusammen, wenn ich an bestimmte Weihnachtsplätzchen denke, die es bei uns seit Kindheitstagen Jahr für Jahr gibt. Die Lieblingsgerichte des verstorbenen Menschen zu kochen bzw. zu backen und zu essen, ist eine wunderschöne Form der Verbindung, die in Zeiten von Trauer so heilsam ist.

Notiert also solche Lieblingsgerichte und die dazugehörigen Rezepte. Manches Familiengericht existiert gar nicht als Rezept, sondern wird „aus der Lameng“ gekocht. Dann wird es höchste Zeit, es für die Nachwelt festzuhalten! Vielleicht entsteht so ein schönes kleines, aber feines Kochbuch, mit dem du deinen Lieblingsmenschen eine riesengroße Freude bereitest.

Playlist

Neulich nutzten wir bei einer Beerdigung die Playlist, die der Verstorbene erstellt hatte, um den langen Weg von der Kapelle bis zum Grab – es war ein sehr großer Friedhof und das Grab befand sich am hintersten Ende – nicht so still zu gehen, sondern mithilfe der Musik dem Verstorbenen auf andere Weise noch mal ganz nah zu sein.

Musik und Emotionen sind unmittelbar miteinander verbunden. Musik berührt unser Herz. Sie kann uns beruhigen, aufheitern, beleben. Und vor allem sind wir emotional und gedanklich wieder ganz in der jeweiligen Situation, wenn wir die dazu passende Musik hören. Ganz bestimmt gibt es Musik, die einfach zu deinem bzw. eurem Leben dazu gehört. Manche meiner Klientinnen und Klienten hören nach dem Tod ihres geliebten Menschen dessen Musik, die eigentlich gar nicht so sehr ihren Geschmack trifft, aber eben eine schöne Verbindung darstellt. Also: Mach dich auf und erstelle die Playlist deines Lebens!

Mach dich auf und erstelle die Playlist deines Lebens!

Erinnerungsschmuck

Es gibt inzwischen die unterschiedlichsten Anbieter für Erinnerungsschmuck. Aus einer Haarsträhne kann beispielsweise in einem aufwendigen Verfahren ein Diamant hergestellt werden. Gängiger sind Schmuckstücke aus Fingerabdrücken: Kettenanhänger, Ringe oder Armbänder. Auch vorhandene Schmuckstücke können auf den eigenen Geschmack umgearbeitet werden. Aus dem Ehering entsteht später vielleicht ein schlichter Kettenanhänger. Auch hier zählt wieder die Verbindung, die durch das Tragen dieses Schmucks gelingen kann.

Im Anhang findest du verschiedene Anbieter, allesamt unbezahlte Werbung, aber von mir persönlich getestet und für gut befunden.

DIE FINALE LEBENSPHASE

Vom Segen der Palliativmedizin

Vielleicht ist dir der Begriff „Palliativmedizin“ oder „Palliative Care“ schon einmal untergekommen. Und vielleicht geht es dir wie vielen anderen auch: Bei diesem P-Wort macht sich Entsetzen breit, denn wenn es erst einmal so weit ist, dann geht es doch wohl nur noch ums Sterben. Dann ist alles aus! Die Vorstellung „Für mich kann jetzt nur noch palliativ etwas getan werden“ ist für viele der Inbegriff des Schreckens. Daher ist es mir an dieser Stelle wichtig, ein wenig auszuholen, um dir das Geschenk der Palliativmedizin näherzubringen.

Palliativ versus kurativ

Die Weltgesundheitsorganisation WHO stellte 2002 folgende Definition von Palliative Care auf: *„Palliativmedizin/Palliative Care ist ein Ansatz zur Verbesserung der Lebensqualität von Patienten und ihren Familien, die mit Problemen konfrontiert sind, welche mit einer lebensbedrohlichen Erkrankung einhergehen. Dies geschieht durch Vorbeugen und Lindern von Leiden durch frühzeitige Erkennung, sorgfältige Einschätzung und Behandlung von Schmerzen sowie anderen Problemen körperlicher, psychosozialer und spiritueller Art.“*

Der palliative Ansatz ist ein ganzheitlicher, der nicht nur den schwer kranken Menschen, sondern auch dessen Zugehörige im Blick hat. Während in der kurativen Medizin das Therapieziel die Heilung ist (beispielsweise bei einer Knieverletzung durch die Operation mit anschließender Rehamaßnahme), ändert sich dieses Therapieziel im Verlauf einer lebensverkürzenden Erkrankung. Und zwar in dem Moment, in dem klar wird, dass eine Heilung nicht mehr möglich sein wird.

Es geht also **nicht**, wie landläufig viele meinen, um den Abbruch jedweder Therapie, sondern um die **Veränderung** der therapeutischen Ziele. Im Mittelpunkt stehen nun nicht mehr die Heilung (um jeden Preis), sondern die Linderung von Symptomen und die Erhaltung von Lebensqualität. Palliativmedizin ist dem Leben zugewandt und akzeptiert gleichzeitig das Sterben als einen natürlichen Prozess. Weder beschleunigt sie den Tod noch zögert sie ihn hinaus.

> Palliativmedizin ist dem Leben zugewandt und akzeptiert gleichzeitig das Sterben als einen natürlichen Prozess.

Der Palliativmediziner Prof. Dr. Sven Gottschling bezeichnet in seinem Buch „Leben bis zuletzt“ seine Rolle als Spezialist für Lebensqualität.

Bestmögliches Leben

Da Palliativmedizin in Deutschland bis heute vielfach noch nicht die Anerkennung findet, die sie verdient hat (bis vor einigen Jahren war sie nicht einmal verpflichtender Bestandteil des Medizinstudiums), hat die Deutsche Gesellschaft für Palliativmedizin die Kampagne „Das ist palliativ“ ins Leben gerufen. Auf der Startseite ihrer Website springen einem wechselnde Bilder und Sätze ins Auge, die den Ansatz palliativer Versorgung auf den Punkt bringen, etwa das Bild eines Radieschens und dazu der Satz: „Noch mal im Garten sitzen, bevor wir die Radieschen von unten sehen.“ Schwer kranke Menschen sollen durch eine palliative Begleitung ihr Leben bestmöglich nach den eigenen Vorstellungen leben können.

Um dieses Ziel zu erreichen, arbeiten in der Palliativmedizin interdisziplinäre Teams aus Ärzt:innen, Pfleger:innen, Psycholog:innen, Sozialarbeiter:innen, Seelsorger:innen, Physiotherapeut:innen, Kunsttherapeut:innen und Ehrenamtlichen zusammen. Durch die professionelle Vernetzung und regelmäßigen Austausch untereinander können auch in schweren Situationen kreative individuelle Lösungen gefunden werden.

Dr. Jörg Cuno, Palliativmediziner und Geschäftsführer der Palli-VIVO GmbH Bamberg, drückt den Segen der Palliativmedizin so aus: „Oft fängt das Leben dann erst wieder an. Ohne leidvolle Beschwerden, aber voller Wärme und heller Zuversicht auf eine erfüllte Zeit vor dem Tod.“ Palliativmediziner möchten im Erstgespräch die Bedürfnisse des Patienten herausfinden und schauen auf seine Ressourcen. Sie möchten den Blick auf das Gute lenken, das noch möglich ist. Gemeinsam mit dem Patienten und den Zugehörigen entscheiden sie, wie es möglich sein kann, die Ziele auf der letzten Lebensstrecke zu erreichen. Sie verstehen sich als Möglichmacher:innen und Wunscherfüller:innen.

Wichtig zu wissen: Palliative Versorgung ist überall möglich: zu Hause in Form von SAPV-Teams genauso wie in Krankenhäusern, in denen es teilweise

> Palliative Versorgung ist überall möglich: zu Hause mit ambulanten Teams, in Krankenhäusern, in Pflege- und Altersheimen sowie im Hospiz.

auch spezielle Palliativstationen gibt, in Pflege- und Altersheimen sowie im Hospiz. Weitere Informationen dazu findest du im Abschnitt „Krankenhaus, Hospiz oder doch zu Hause?“ (S. 132).

Wolfgang Sandtner, Oberarzt und Sektionsleiter Palliative Care am Klinikum Landshut, hat mir diese berührende Geschichte zur Verfügung gestellt, die deutlich macht, was Palliativmedizin so besonders macht.

Ich kann mich noch sehr gut an Frau W. erinnern. Ihre Tochter hatte einige Tage vor der Aufnahme bei uns angerufen, um sie anzumelden und uns einige Informationen zu geben. Frau W. war seit ihrer Kindheit gehörlos und fast 60 Jahre alt. Sie hatte einen gehörlosen Mann, der mittlerweile noch erblindet und daher sehr auf Hilfe angewiesen war. Das Ehepaar hatte zwei Töchter, die beide hörend waren.

Über die Tochter, von Geburt an daran gewöhnt, sich mit den Eltern über Gebärden zu verständigen, erfuhr ich ein bisschen mehr über Frau W. Sie lebte sehr zurückgezogen mit ihrem Mann und hasste, wie die meisten Menschen auch, Krankenhäuser.

Wenn Blicke töten könnten, ich wäre sofort tot umgefallen. So war unsere erste Begegnung. Frau W. sah mich beim ersten Zusammentreffen vom Bett aus erst düster und verbissen an, wandte dann den Blick abrupt von mir ab, blickte ihre Tochter an und signalisierte ihr: „Nein! Ich will nicht! Ich ... will ... nicht! Ich bleibe nicht hier!" So viel verstand ich. Zwischen Frau W. und ihrer Tochter entwickelte sich ein Gebärdengefecht. Gebärdensprache kann ich nicht, daher stand ich zunächst betroffen und staunend da. Was ich mitbekam, war ein Wirbelwind aus Handbewegungen und eindeutig lesbaren Gesichtsausdrücken – dem von Frau W. zwischen Wut, Ablehnung und Frustration und dem der Tochter zwischen Verzweiflung, Ratlosigkeit und ebenfalls Frustration. Ich signalisierte den Frauen, dass ich das Zimmer verlassen würde, um sie ihren Disput ungestört unter sich austragen zu lassen – und war ebenfalls frustriert.

Nach einer Weile kam die Tochter erschöpft aus dem Zimmer. „Ich kann nicht mehr! Daheim geht es nicht mehr, vor allem weil Papa auch viel Hilfe braucht und Mama jetzt so viel Unterstützung, die ich nicht geben kann. Ich weiß wirklich nicht, ob das mit der Palliativstation die richtige Entscheidung war. Ich hab ein total schlechtes Gewissen, aber daheim geht es wirklich nicht mehr!"

„Geben Sie sich und Ihrer Mutter ein bisschen Zeit", antwortete ich. „Es gibt wenig Menschen, die gerne auf die Palliativstation gehen. Die meisten fürchten sich, denn sie denken bei Palliativstation immer an Sterben und Tod. Die einen sehen es positiv, die anderen negativ. Ich hatte eine Patientin, die sich sehr wohlfühlte. Sie sagte: ‚Ihre Abteilung ist die Station für Schöner-Sterben' und meinte das im guten Sinne. Das andere Extrem war ein Patient, der schimpfte: ‚So, jetzt bin ich also im Sterbezimmer!' Er fühlte sich abgeschoben und von seinem behandelnden Arzt im Stich gelassen.

Aber so ist es nicht. Auf einer Palliativstation ist das medizinische Team folgendermaßen eingestellt: Wenn eine Stabilisierung erreicht werden kann, dann besprechen wir, wie es therapeutisch weitergehen soll und kann. Die Probleme, die im Zusammenhang der Behandlung auftreten, etwa bei einer Chemotherapie, werden behandelt. Und wenn es wieder besser geht, planen wir gemeinsam mit den Betroffenen und den Behandelnden den nächsten Therapieschritt.

Manchmal gelingt die Stabilisierung nicht und Menschen treten in den letzten Abschnitt ihres Lebens. Dann erhalten sie durch uns genau die Versorgung, die sie brauchen, um gut aus der Welt gehen zu können – möglichst mit wenig Schmerzen oder belastenden Symptomen. Was wir für Ihre Mutter, für Sie und Ihre Familie tun können, machen wir! Wir möchten, dass Sie sich alle gut bei uns aufgehoben fühlen. Schön, dass wir bereits im Vorfeld miteinander telefoniert haben. So konnte ich mich ein bisschen vorbereiten. Ich denke, Ihre Mama und ich werden schon miteinander auskommen."

Wir besprachen noch einige Dinge, die allen Patientinnen und Patienten wichtig sind, wie Essens- und Getränkewünsche, Interessen, Lebens-, Schlaf- und Liegegewohnheiten. Die Tochter hatte sämtliche Krankenunterlagen, die Patientenverfügung und Vorsorgevollmacht mitgebracht, so dass ich mich rasch in die Erkrankung ihrer Mutter einarbeiten konnte.

Leider war die Prognose bei dem weit fortgeschrittenen Krebsleiden gar nicht gut. Der Krankheitsverlauf entwickelte sich so rapide, dass die Seele von Frau W. dem körperlichen Verfall nicht rasch genug „hinterherkam". Und jetzt war sie noch dazu auf der Palliativstation, auf der sie nicht sein wollte und auf der nicht richtig mit ihr kommuniziert werden konnte. Kein Wunder also, dass Frau W. so richtig frustriert war.

Ich teilte der Tochter mit, ich würde versuchen, sie soweit wie möglich zu entlasten. Das bedeutete, ich musste einen guten Weg finden, mit Frau W. auch alleine zu sprechen. Ich bat die Tochter um Beistand für das Erstgespräch, in dem die wichtigsten Themen geklärt werden. Hierbei handelt es sich nicht nur um Krankheitsfragen, sondern auch um Dinge, die das persönliche Leben betreffen: das seelische Befinden, die spirituelle Einstellung und die sozialen Umstände. All diese Informationen fügen sich zu einem „runderen Bild" für uns Behandelnde, womit wir den oder die Erkrankte umfassender betreuen können.

Denn darum geht es: Palliativmedizin möchte Menschen, die an einer schweren, nicht mehr heilbaren Erkrankung leiden, die mit einer verkürzten Lebenszeit einhergeht, ganzheitlich beistehen, sie schützend „ummanteln" – genau das, was man mit einem pallium, lateinisch für Mantel, machen kann. Und das wollen wir für die Menschen, die den Erkrankten wichtig sind, ebenso tun. Daher brauchen wir zum einen viele Informationen, zum anderen ein Team erfahrener Sachverständiger aus vielen unterschiedlichen Bereichen wie Sozialdienst, Entlassungsmanagement, Krankengymnastik, Atem-, Kunst-, Musik- und Klangschalentherapie, Psychoonkologie/-therapie und Seelsorge.

Die Tochter und ich gingen zu Frau W. Ich wusste, dass sie gerne alkoholfreies Bier trank. Ich hatte mir einige Unterlagen vorbereitet, um mit ihr ins Gespräch kommen zu können: Stift und Schreibbrett, aber auch einen Ordner, den ich untergliedert hatte in unterschiedliche Lebensbereiche wie zum Beispiel Körperpflege, Essen und Trinken, Hobbys usw. Die Bezeichnung für den Ordner lautete „Ich-Buch". Die einzelnen Bereiche waren ausgestattet mit kleinen Bildern, sodass Frau W. nur blättern und hindeuten musste und wir sofort verstehen würden, welchen Wunsch sie hatte. Dieses „Ich-Buch" sollte ganz individuell umgestaltet werden, sodass während des stationären Aufenthalts eine ganz persönliche Mappe für Wünsche und Bedürfnisse für Frau W. entstehen würde.

Daneben hatte ich eine laminierte Liste erstellt. Auf beiden Seiten standen Fragen und Anweisungen – auf der Vorderseite für die Gehörlosen, auf der Rückseite für das versorgende Team. So konnte rasch durch Zeigen zum Beispiel folgender Dialog geführt werden: „Hilfe! Ich habe Schmerzen. Bitte bringen Sie mir eine Schmerztablette!" – „Ich bin gleich wieder da. Ich hole das Medikament." Andere, umfangreichere Wünsche oder besondere Fragen konnten schriftlich erfolgen.

All das würde zwar keine echte und vor allem keine flüssige Kommunikation darstellen, doch zumindest eine effektive Form von Verständigung ermöglichen. Für wichtigere Themen stellte sich uns die Tochter zur Verfügung. Außerdem hatten wir schon Kontakt mit einer Gebärdensprachdolmetscherin aufgenommen, um existenzielle oder schwierigere Gespräche führen zu können.

Vorbereitet mit Bier und Kommunikationsmaterial betraten wir das Zimmer. Frau W. staunte nicht schlecht, als ihr die Tochter all die Gegenstände erklärte. Am meisten jedoch freute sich Frau W. über das kalte Bier. Ich signalisierte ihr, dass ich mir Zeit nehmen würde, ihre Beschwerden und Wünsche zu erfassen, und wie wichtig es mir sei, dass sie sich wohl bei uns fühle. Ich bat sie auch, Geduld mit unserer doch ziemlich laienhaften Kommunikationsstruktur zu haben. Im

Gegensatz zu anfangs wirkte Frau W. entspannter und extrem interessiert an unseren „Sachen". Das „Ich-Buch" nahm sie sogar lächelnd entgegen und blätterte sofort darin. Nach ein paar Minuten signalisierte sie: „Daumen hoch".

Es gelang dem ganzen Team, das genauso wenig Erfahrung hatte wie ich im Umgang mit einem gehörlosen Menschen, ein gutes Vertrauensverhältnis zu Frau W. aufzubauen. Ebenso ging es Frau W. Die Tochter und die restlichen Familienmitglieder nahmen dies erleichtert wahr. Rasch wich die anfängliche Anspannung. Leider schritt die Erkrankung von Frau W. sehr rasch fort. Wir konnten Schmerzen und Symptome zwar lindern, den Tod selbst konnten wir bedauerlicherweise nicht aufhalten. Frau W. verstarb bereits nach wenigen Tagen friedlich und ohne wahrnehmbare Zeichen von Leiden oder Stress an den Folgen ihres Krebsleidens im Beisein ihrer Lieben.

Nun, jetzt stand die Tochter vor mir. Sie sagte, sie wolle mich nicht lange stören, doch es sei ihr ein großes Anliegen, mir mitzuteilen, dass sich ihre Mutter sehr wohl auf der Palliativstation gefühlt habe. Eines der letzten Dinge, die ihre Mutter ihr mitteilte, war: „Das ist das erste Mal in einem Krankenhaus, dass ich mich als vollwertiger, geachteter Mensch gefühlt habe." Das war eines der schönsten Komplimente für unsere Arbeit, das ich je bekommen habe!

Gute Palliativmedizin ist wichtig und bei Weitem nicht so schrecklich, wie es sich Erkrankte und ihre Angehörigen, aber auch Ärzte und Ärztinnen oft vorstellen. Palliativmedizin klammert den Tod nicht aus. Im Gegenteil: Sie ist voller Leben und vor allem wertvollen Begegnungen.

Wann ist es Zeit für eine palliative Begleitung?

Eigentlich ist dieser Abschnitt zur Palliativmedizin hier im Kapitel „Die finale Lebensphase" gar nicht richtig aufgehoben, denn sie sollte schon sehr viel früher ansetzen. Je später Hospiz- oder Palliativversorgung in Anspruch genommen wird, desto weniger Zeit bleibt, um von den oben skizzierten Vorteilen überhaupt noch zu profitieren.

> Je später Hospiz- oder Palliativversorgung in Anspruch genommen wird, desto weniger Zeit bleibt, um von den Vorteilen zu profitieren.

Auch der größte medizinische Fortschritt kann nicht verhindern, dass manche Erkrankungen unheilbar sind, entweder weil sie schon zu weit fortgeschritten sind oder weil sie mit dem heutigen Stand der Medizin tatsächlich nicht zu heilen sind. Es macht daher Sinn, bereits frühzeitig auch Palliativteams ins Boot zu holen. So können verschiedene Behandlungswege erarbeitet werden und dem Betroffenen bleibt ein Entscheidungsspielraum für den Weg, den er persönlich wählen möchte.

Ein weiterer Vorteil der frühzeitigen Einbindung palliativer Begleitung: In der Behandlung einer lebensbedrohlichen Krankheit geht es nicht nur um rein körperliche Aspekte. Durch den multiprofessionellen Ansatz der Palliative Care ist im Krankheitsverlauf sichergestellt, dass auch psychosoziale, emotionale, spirituelle und existenzielle Facetten Berücksichtigung finden.

Sehr häufig erzählen mir Trauernde, dass sie rückblickend die Palliativmedizin viel früher hätten in Anspruch nehmen sollen. Wenn sie nur gewusst hätten, welcher Segen in ihr steckt ... Ich hoffe daher sehr, dass ich dir und euch mit diesem Kapitel die Scheu vor der Palliativmedizin ein wenig nehmen konnte.

Krankenhaus, Hospiz oder doch zu Hause?

Ein Großteil der Menschen möchte am liebsten in ihrem Zuhause, in der ihnen vertrauten Umgebung sterben. Die Realität sieht jedoch leider anders aus: Tatsächlich sterben nur etwa 20 Prozent der Menschen zu Hause, hingegen etwa zwei Drittel in Institutionen, also Krankenhäusern, Hospizen oder Pflegeheimen. Die Gründe dafür sind vielfältig. Gesellschaftliche Veränderungen spielen eine maßgebliche Rolle.

> Nur etwa 20 Prozent der Menschen sterben zu Hause, hingegen etwa zwei Drittel in Institutionen.

Immer seltener leben mehrere Generationen unter einem Dach, die eine Pflege mit vereinten Kräften sicherstellen könnten. In vielen Familien sind beide Erwachsenen berufstätig, eine zeitintensive und emotional aufwühlende Pflege ist dadurch kaum möglich. Sterben und Tod sind keine besonders gesellschaftsfähigen Themen. Viele Menschen sind gar nicht so unglücklich darüber, dass das Sterben hauptsächlich hinter verschlossenen Türen oder im Fernsehen stattfindet. Dadurch jedoch geht von Generation zu Generation mehr Wissen über natürliche Sterbeprozesse verloren. In vielen Gesprächen höre ich von großer Unsicherheit und Angst, jemanden zu Hause bis in den Tod zu begleiten.

Diese Entwicklung findet sich übrigens nicht nur am Lebensende, sondern auch am Beginn des Lebens wieder. Während früher Babys natürlicherweise durch eine Hausgeburt das Licht der Welt erblickten, kommen heute nur noch weniger als zwei Prozent der Kinder zu Hause zur Welt. Es wurde also nach und nach in den letzten Jahrzehnten sowohl der Start ins Leben als auch der Weg aus dem Leben heraus hinter verschlossene Türen verbannt. So haben wir verlernt, diese Lebensübergänge als einen natürlichen Prozess zu erleben. Eine fatale Entwicklung, wie ich finde.

Palliativversorgung kommt überall hin

Was für ein Geschenk, dass es heutzutage die Palliativversorgung gibt! Sie ist sowohl im Krankenhaus, in einem Pflegeheim oder Hospiz als auch zu Hause möglich. Nachfolgend beschreibe ich dir hier ein paar Charakteristika der verschiedenen Möglichkeiten.

Palliativstation

Im vorherigen Abschnitt hast du schon einiges über die grundsätzliche palliative Haltung erfahren. Eine Palliativstation ist eine auf die palliativmedizinische Versorgung spezialisierte Station eines Krankenhauses. Dort werden Patienten mit fortgeschrittenen und unheilbaren Erkrankungen aufgenommen, um belastende Beschwerden oder Komplikationen zu behandeln. Sobald der Patient wieder stabil ist, erfolgt eine Entlassung nach Hause oder Verlegung in eine andere Einrichtung, beispielsweise ein Pflegeheim oder Hospiz.

Menschen, die grundsätzlich zu Hause betreut werden, können immer wieder vorübergehend auf einer Palliativstation aufgenommen werden, wenn die medizinische Versorgung in gewissen Krankheitsstadien zu Hause nicht gewährleistet werden kann. Natürlich sterben auf einer Palliativstation auch Patienten, wenn sich ihr Zustand dort massiv verschlechtert und eine Verlegung nicht mehr zumutbar ist.

Menschen, die grundsätzlich zu Hause betreut werden, können immer wieder vorübergehend auf einer Palliativstation aufgenommen werden.

Melanie berichtet mir von ihrer berührenden Erfahrung mit dem Aufenthalt ihrer Mutter auf einer Palliativstation:

Meine Mama kam am 18. Geburtstag meines Sohnes auf die Palliativstation. Wir wussten alle, dass sie das nie wollte. Der Krankenpfleger hat Mama aber so liebevoll und freundlich in Empfang genommen, dass sie sich nicht traute zu sagen, sie wolle nicht bleiben. Sie bekam ein schönes Zimmer mit einem herrlichen Blick ins Grüne. Hinter dem kleinen Berg, den Mama aus ihrem Bett sehen konnte, ist unser Zuhause.

Das gesamte Personal war sehr hilfsbereit, empathisch und strahlte eine wunderbare Ruhe aus. Mir wurde die Station gezeigt, sie legten mir Ruhemomente ans Herz. Sie kümmerten sich eben nicht nur sehr gut um Mama, sondern auch um die übrigen Familienmitglieder, die Mama besuchten. Die ganze Station strahlte eine Wärme aus. Es gab einen Strandkorb, eine Buchecke, viele Sofas, gemütliches und warmes Licht. Im Bad – es war eher ein kleiner Wellnessbereich, in dem die Patienten entspannen konnten – hing ein wunderschönes Strandbild, das zum Träumen einlud.

Die ganze Situation, die Sterbephase, die Zeit, die wir Mama begleiteten, wurde uns von den Schwestern, Pflegern und Ärzten sehr gut erklärt. Was bedeutet der Gesichtsausdruck? Warum mag Mama nichts mehr essen? Warum redet sie ab und an wirres Zeug? Keine unserer Fragen blieb unbeantwortet. Die Seelsorgerin nahm sich Zeit für Mama, für uns. Alle achteten darauf, dass wir als Begleiter genug tranken. Denn es war wirklich so, wie gesagt wurde, es fühlte sich körperlich und seelisch an wie ein Marathonlauf.

Nach Mamas Tod fuhren wir mit der Familie ins Krankenhaus. Sie gaben uns Zeit. Sie hatten Mama angezogen, ihr einen kleinen Blumenstrauß in die Hand gegeben. Auch die Kette, die meine Tochter ihr noch gebastelt hatte, hielt Mama in ihrer Hand. Wir redeten, lachten und weinten. Eine Kerze brannte für Mama. Und als wir uns verab-

schiedet haben, von Mama und von der Station, hatte ich ein gutes Gefühl. Ich war traurig, keine Frage, aber voller Dankbarkeit, dass Mama so gut behandelt und begleitet wurde, wenn ich nicht bei ihr sein konnte.

Und auch Margot bringt mit ihrer Erfahrung auf den Punkt, wie wohltuend die palliative Haltung ist:

Meine Mutter hat sich nach anderthalb Jahren Krankenhausaufenthalt auf der Palliativstation gleich viel wohler gefühlt. Es waren freundliche Räume, unglaublich engagierte ehrenamtliche Helfer und Helferinnen. Und auch die Ärzte sind dort „anders".

Einmal bin ich mit meiner besten Freundin, die mir auch beim Entrümpeln der Wohnung meiner Mutter geholfen hat, und Kuchen im Gepäck ins Krankenhaus gefahren. So habe ich ihr zeigen können, dass es auch einen Ort gibt, wo man sich verabschieden, lachen, reden, sein kann. Einen ganzen langen Sonntagnachmittag – und das sogar in Zeiten von Corona, in denen so vieles nicht möglich war! Drei Tage später verstarb meine Mama. Ich hätte mir in der Tat keinen besseren Ort für sie wünschen können!

Stationäres Hospiz

Den Grundgedanken der Hospizbewegung nach Cicely Saunders habe ich bereits beschrieben (siehe S. 45). Stationäre Hospize sind kleine Einrichtungen mit durchschnittlich zehn Betten für Menschen, die in absehbarer Zeit sterben werden. Der Schwerpunkt liegt in der psychosozialen und pflegerischen Begleitung der Bewohnerinnen und Bewohner (sie werden bewusst nicht als Patienten bezeichnet).

Die meisten Mitarbeitenden in Hospizen sind speziell in Palliativversorgung ausgebildet und der Personalschlüssel ist deutlich besser als in anderen Einrichtungen. Hinzu kommt eine umfangreiche Unterstützung durch Ehrenamtliche, direkt in der Begleitung der Bewohnerinnen und Bewohner oder in der Küche, im Garten oder am Empfang.

Die meisten Mitarbeitenden in Hospizen sind speziell in Pallitivversorgung ausgebildet.

Voraussetzung für die Aufnahme ist eine Bestätigung des behandelnden Haus- oder Klinikarztes über die Notwendigkeit der stationären Hospizversorgung. Die Aufnahme erfolgt, wenn keine Rund-um-die-Uhr-Betreuung im Krankenhaus erforderlich ist und die absehbare verbleibende Lebenszeit bei Tagen, Wochen oder wenigen Monaten liegt. Der Aufenthalt ist für die Betroffenen kostenfrei.

Verena arbeitet als Kunsttherapeutin und Fachkraft für Spiritual Care in einem Hospiz. Am Ende eines intensiven Gesprächs mit einer Bewohnerin sagte diese freudestrahlend: „Im Hospiz lernt man leben."

Sie gibt damit genau den Gedanken von Cicely Saunders wieder, die sagte: „Es geht darum, den Tagen mehr Leben zu geben und nicht dem Leben mehr Tage." Und mitunter befinden sich Hospize sogar mitten in Wohngebieten – ein schönes Zeichen dafür, dass Sterbende Teil des Lebens sind!

Tageshospiz

Tageshospize sind eigenständige oder auch an stationäre Hospize angebundene Einrichtungen, in denen Menschen, die noch zu Hause leben, einmal oder mehrmals pro Woche tagsüber betreut werden. Sie dienen der Entlastung pflegender Zugehöriger. Unheilbar Erkrankte erhalten hier lindernde Therapien, können Kraft tanken und trotz schwerer Krankheit am sozialen Leben teilnehmen.

Mobile SAPV-Teams

SAPV steht für **S**pezialisierte **A**mbulante **P**alliativ**v**ersorgung. Seit 2007 hat jede kranken- und pflegeversicherte Person in Deutschland ein gesetzliches Anrecht auf diese Unterstützung. Ziel dieser Versorgungsform ist es, auch solchen Patienten eine Versorgung und Betreuung zu ermöglichen, die aufgrund von starken Schmerzen, großen Wunden oder anderer belastender Symptome einen besonders aufwendigen Betreuungsbedarf haben, ob zu Hause, in der Pflegeeinrichtung oder im stationären bzw. Tageshospiz.

Seit 2007 hat jede kranken- und pflegeversicherte Person in Deutschland ein Anrecht auf Unterstützung durch SAPV-Teams.

Die Begleitung durch ein SAPV-Team ermöglicht insbesondere auch schwerstkranken Sterbenden, in ihrem vertrauten Zuhause bleiben zu können. SAPV-Teams sind rund um die Uhr verfügbar, die Kosten werden nach ärztlicher Verordnung von der Krankenkasse übernommen.

Gaby berichtet über ihre Erfahrung mit SAPV:

Mein 89-jähriger Vater erkrankte an Covid. In Verbindung mit seiner schweren COPD und multipler anderer Erkrankungen ging es ihm zusehends schlechter. Der Hausarzt verordnete eine SAPV. Sowohl die Betreuung der SAPV-Schwester des Pflegedienstes als auch des diensthabenden Palliativarztes waren eine großartige Unterstützung und Sicherheit für uns alle.

Die schönste Erfahrung mit der SAPV war, als ich eines Samstagabends bemerkte, dass das Morphin knapp wurde. Ich hatte irgendwie nicht darauf geachtet. Also rief ich in der SAPV-Bereitschaft an und der Pfleger sagte mir Hilfe zu. Er ist dann extra für uns 40 Kilometer (einfache Strecke) gefahren, hat geklingelt und mir strahlend die Ampullen in die Hand gedrückt. Ich weiß, das ist sein Job. Aber dieser Moment der Dankbarkeit, dass jemand das für uns macht, hat mich zu Tränen gerührt.

Übrigens ist mein Vater nicht verstorben. Er hat sich erholt und im Jahr darauf seinen 90. Geburtstag gefeiert. Zwischenzeitlich hat uns die SAPV erneut für eine Weile unterstützt. Und auch das ist wichtig zu wissen: Wir können sie jederzeit wieder beantragen, innerhalb weniger Stunden sind sie einfach da. So Gott will, wird mein Vater auch noch seinen 91. Geburtstag feiern.

Eine anspruchsvolle Entscheidung

Die Palliativexperten Prof. Dr. Claudia Bausewein und Rainer Simader haben einen wertvollen Fragenkatalog aufgestellt, um die Möglichkeit einer Versorgung bis zum Lebensende in den eigenen vier Wänden gewissenhaft und ehrlich mit sich selbst zu prüfen:

- Wollen alle Beteiligten, dass der Patient bzw. die Patientin zu Hause stirbt?
- Gibt es zumindest eine sehr belastbare Person, die Ansprechpartnerin sein wird und will und auch nachts vor Ort sein kann?
- Sind alle beteiligten Personen bereit, fremde Hilfe anzunehmen, was auch bedeuten kann, dass fremde Personen in das Haus kommen (und gegebenenfalls auch dort wohnen)?
- Können sich Personen, die ebenfalls in der Wohnung leben, vorstellen, dort auch weiter zu wohnen, nachdem diese Person tatsächlich zu Hause gestorben ist?

- Sind die Beschwerden der sterbenden Person gut kontrollierbar, relativ konstant und auch hinsichtlich der Anzahl und Intensität überschaubar?

Manchmal liegen die Vorstellungen der beteiligten Personen auseinander. Dann ist es besonders wichtig, darüber gut im Gespräch zu sein und die Bedürfnisse und Wünsche des jeweils anderen herauszufinden. Auch in Einrichtungen wie einer Palliativstation oder einem Hospiz können viele Wünsche am Lebensende erfüllt werden. Niemandem ist geholfen, auch der sterbenden Person nicht, wenn die engsten Betreuenden zusammenbrechen und damit das ganze Konstrukt scheitert.

Auch in einer Palliativstation oder einem Hospiz können viele Wünsche am Lebensende erfüllt werden.

Für die Begleitung Sterbender in den eigenen vier Wänden braucht es einen Hausarzt, der Hausbesuche macht, sowie ein zuverlässiges Netz aus Familie, Freunden oder Bekannten und bei Bedarf SAPV. Bestenfalls nehmt ihr weitere externe Unterstützung in Anspruch, die es in vielen Facetten gibt:

- mobile ambulante Pflegedienste oder Tageskliniken bzw. Tageshospize
- ambulanter Hospizdienst oder Gemeindeseelsorge/Besuchsdienst der Gemeinde
- Essen auf Rädern
- Hausnotruf
- unterstützende Berufsgruppen, die dabei helfen, die Selbstständigkeit so lange wie möglich zu erhalten: Physiotherapie, Ergotherapie, Logopädie, Ernährungsberatung

Am besten besprecht ihr mit dem Hausarzt, wie er die Situation einschätzt und welche Wege er wie mit euch gemeinsam gehen würde.

Mehr Information zum Umgang mit der Belastungssituation und zu den Möglichkeiten der Entlastung findest du im Abschnitt „Wer oder was trägt mich jetzt?“ (S. 53).

Die letzte Wegstrecke

Wenn die allerletzte Wegstrecke anbricht, gibt es nicht mehr viel zu tun. Es geht ums Sein: Da-Sein, mit allen Sinnen, achtsam im Moment sein und erspüren, was der Moment gerade erfordert. Solltest du Angst vor dieser finalen Lebensphase haben, entlastet dich vielleicht allein dieser Gedanke schon: Du musst nichts tun. Einfach nur da sein. Das gilt übrigens für den Sterbenden genauso wie für die Zugehörigen.

Kommunikation ohne Worte

Zu Beginn unseres Lebens lernten wir zu sprechen, fortan gehörte das „Plappern“ zu unserem Leben ganz selbstverständlich dazu. Am Ende des Lebens fällt das Reden schwer, die Sprache versiegt nach und nach. Nun sind wir in der Kommunikation ganzheitlich gefordert: Die Körpersprache wird immer wichtiger, sie ist quasi die Brücke zum Sterbenden. Gestik, Mimik, Blickrichtung, Atmung und auch Körperkontakt geben uns wertvolle Hinweise, wie es dem sterbenden Menschen geht und was er uns mitteilen möchte. Die Krux ist, dass

Am Ende des Lebens fällt das Reden schwer, die Körpersprache wird immer wichtiger.

wir, solange die Verständigung durch Worte möglich ist, nicht gut auf die nonverbalen Signale achten. Die Verständigung miteinander muss sich nun also erst einmal neu einschwingen.

Wie leicht fällt es dir, zu schweigen und die Stille auszuhalten? Geduldig einfach nur da zu sein, auf die körperlichen Signale zu achten und eigene Antworten zunächst zurückzuhalten, das ist oft die größte Herausforderung. Doch es geht nun genau darum: sich ganz auf den sterbenden Menschen einzulassen. Viele Betroffene erzählen mir, dass dies eine ganz besonders wertvolle, beinahe „heilige" Phase war, die sie als großes Geschenk für ihr Leben betrachten. Sie empfinden eine innige Verbundenheit, fast so wie beim Verliebtsein, wenn Menschen sich ja auch blind verstehen.

Blickkontakt aufnehmen

Wo wir sonst mit Worten begrüßen und dabei schon mal den Blick schweifen lassen, ist nun der unmittelbare Blickkontakt das Zeichen, sich dem anderen zuzuwenden, ihm Vertrauen und Geborgenheit zu schenken. Der erwiderte Blick des kranken Menschen kann als Interesse und Zuwendung gedeutet werden. Wendet er sich jedoch ab, ist dies wohl als Hinweis zu verstehen, dass er lieber seine Ruhe haben möchte. Weitere Anzeichen dafür können eine zunehmend unruhige Atmung, ein schneller Anstieg der Herzfrequenz, Schwitzen oder Anspannung der Muskulatur sein.

Achte auch auf die Körpersprache insgesamt: Durch Mimik, Gestik und Haltung kannst du meist gut erkennen, ob jemand gerade freudig, traurig, ängstlich oder wütend ist. Formuliere deine Wahrnehmung als geschlossene Frage, zum Beispiel „Bist du gerade traurig, weil ... gegangen ist und du nicht weißt, ob du sie noch einmal wiedersehen wirst?“ Dein Gegenüber kann nun mit Kopfschütteln oder -nicken antworten.

Überhaupt könnt ihr eure eigene „Geheimsprache“ entwickeln. Zweimal Augenklimpern für ein Nein, einmal für ein Ja, Augendrehen für „Ich möchte nicht“. Dasselbe funktioniert auch mit Händedruck.

Sinneswahrnehmung bis zuletzt

Wir wissen aus der Forschung, dass der Hör- und Tastsinn die letzten Sinne sind, die gehen. Auch wenn dein geliebter Mensch nicht mehr ansprechbar ist, hört er noch, was du sagst, und nimmt deine Berührungen wahr. Das bedeutet im Übrigen auch, dass du darauf achten solltest, wie am Sterbebett über die Situation gesprochen wird!

Musik kann maßgeblich zur Entspannung und manchmal auch zur Anregung und Erheiterung beitragen.

Musik kann maßgeblich zur Entspannung und manchmal auch zur Anregung und Erheiterung beitragen, ganz so, wie euch zumute ist. Hilfreich ist eine Playlist mit Lieblingsmusik, die ihr bestenfalls vorher zusammengestellt habt.

Körperliche Nähe tut vielen Sterbenden gut: die Hand oder über das Gesicht streicheln, sich dazulegen und den anderen im Arm halten. Aber auch hier gilt: Achte auf die körperlichen Signale. Manchen Menschen ist am Lebensende zu viel Nähe unangenehm. Nimm das, wenn es dir möglich ist, bitte nicht persönlich.

Letzte Wünsche erfüllen

Am Lebensende dürfen wir manche Grenzen im Kopf aufbrechen und Regeln oder Verbote ablegen. Kein Alkohol für Schwerkranke? Keine Zigarette am Lebensende? Hunde gehören nicht ins Bett? Alles, was auch nur einen Hauch von Freude in der ohnehin hoch emotionalen Zeit aufkommen lässt, darf jetzt sein. Denn am nächsten Tag kann es schon zu spät sein. Dabei gilt es kreativ zu werden, um die letzten menschlichen Bedürfnisse achtsam und liebevoll zu erfüllen.

Susannes Schwiegervater Bernd lag auf der Palliativstation im Sterben. Die Schwestern erfragten bei den Zugehörigen, was er im Leben gerne mochte, womit man ihm eine Freude machen könne. Bernd genoss wohl gern mal ein Bierchen! Größere Mengen Flüssigkeit verträgt der Körper am Lebensende nicht. Aber die Lippen und die Mundhöhle zu befeuchten, ist in dieser Phase für das Wohlbefinden des Sterbenden wichtig. Also füllten sie eine kleine Sprühflasche mit Bernds Lieblingsbier.

Ebenso kannst du große Wattestäbchen in das Lieblingsgetränk tunken oder an heißen Sommertagen kleine Eiswürfel aus Rotwein oder der liebsten Teesorte herstellen.

Petras Mutter gönnte sich selbst zu Lebzeiten nicht viel. Nur selten zu ganz besonderen Anlässen schminkte sie sich, und auch Nagellack legte sie so gut wie nie auf. Auf der Palliativstation gab es ein Angebot für Mani- und Pediküre. Hier verspürte sie plötzlich Lust, sich etwas Gutes zu tun. Und so starb sie mit den hübschesten Finger- und Fußnägeln ihres Lebens und schenkte damit ihrer Tochter nicht nur einen sehr berührenden Moment, sondern auch eine wunderschöne Erinnerung.

Die Schwierigkeit loszulassen

Am Lebensende tun sich alle Beteiligten schwer, das Leben und den sterbenden Menschen bzw. die Zurückbleibenden loszulassen. Verständlich! Die Endgültigkeit schmerzt, dieses „Nie mehr werden wir …“ schwebt wie ein Damoklesschwert über der Situation. Dem Sterbenden fällt es unendlich schwer, die Zugehörigen zurückzulassen. Er spürt das Leid und möchte nicht noch mehr davon hinzufügen. Die Zugehörigen wollen jeden Moment noch auskosten, mitunter können sie den Tod noch immer nicht akzeptieren und versuchen, weiter Hoffnung zu verbreiten. So entsteht manchmal eine Gemengelage, in der das Sterben einfach nicht funktionieren will. Oder wie Sabine Dinkel es ausdrückte: so ist es nicht möglich, „den Durchschlupf zu finden“.

Am Lebensende tun sich alle Beteiligten schwer, einander loszulassen.

Die Psychologin Marianne Nolde erzählt in ihrem Buch „Elf Tage und ein Jahr“ von der Sterbebegleitung ihrer Mutter. Sie vergleicht den Sterbeprozess mit dem Start ins Leben: „Hier geschah mit meiner Mutter einfach etwas ganz Normales, bei dem wir uns auch entsprechend ganz normal verhalten konnten. Und das mich jetzt in dieser Phase an eine Geburt erinnerte. Genau genommen an die Presswehen. Als Mutter oder begleitender Vater werden Sie sich erinnern. Kurz wird es anstrengend, aber ab da dauert es für gewöhnlich nicht mehr so lange.“

Die Hand halten, ohne festzuhalten

In der Ausbildung zur ehrenamtlichen Hospizbegleiterin haben wir Folgendes gelernt: Halte die Hand deines geliebten Menschen nicht von oben mit deiner Hand fest. Damit gibst du das Signal, ihn festzuhalten. Lege stattdessen deine geöffnete Hand unter die Hand deines geliebten Menschen. Damit signalisierst du: Ich trage dich, aber ich halte dich nicht fest. Manchmal können solche kleinen Puzzlestückchen zu einem friedlichen Sterbeprozess beitragen.

„Du darfst gehen"

Was für ein Satz. Unvorstellbar, ihn auszusprechen, oder? Doch ganz häufig braucht es genau diese explizite Erlaubnis, damit der Sterbende tatsächlich gehen kann. „Du darfst (voraus-)gehen, wir kommen hier klar. Ich wünsche dir eine gute Reise. Nimm all unsere Liebe mit. Wir behalten deine Liebe hier." So oder ähnlich kannst du deinem geliebten Menschen den Reiseantritt erleichtern.

> Mit einer „Erlaubnis" kannst du deinem geliebten Menschen den Reiseantritt erleichtern.

Thomas vertraute mir an, was er kurz vor dem Tod seiner an ALS erkrankten Frau Jutta erlebt hatte:

Am nächsten Tag stand eigentlich ein weiterer Kliniktermin an, an dem eine Sonde zur künstlichen Ernährung und Maßnahmen zur Atemerleichterung vorgesehen waren. Sie wollte es nicht mehr. Und in der Nacht vor ihrem Geburtstag habe ich lange mit ihr „geredet", das heißt, ich habe geredet und sie hat mir nur noch Zeichen gegeben, mit den Augen, das klappte noch! Und ich hörte mich sagen, das größte Geschenk, welches sie mir zu ihrem Geburtstag machen könne, sei loszulassen, wenn sie nicht mehr könne; ich käme schon klar. Sie hat mich angestrahlt – und sich noch in derselben Nacht auf den Weg gemacht.

Abschließen möchte ich dieses Kapitel mit einem Zitat des peruanischen Schriftstellers Sergio Bambaren:

Vielleicht bedeutet Liebe auch lernen, jemanden gehen zu lassen, wissen, wann es Abschiednehmen heißt. Nicht zulassen, dass unsere Gefühle dem im Weg stehen, was am Ende wahrscheinlich besser ist für die, die wir lieben.

Der letzte Atemzug

Irgendwann wird der Moment kommen, vor dem du dich aus heutiger Sicht vielleicht besonders fürchtest: der letzte Atemzug deines geliebten Menschen. Der Moment, in dem Stille den Raum flutet. Ich wünsche dir von Herzen, dass ihr euren Weg bis zuletzt gemeinsam gehen könnt, im besten Fall sogar zu Hause in den vertrauten vier Wänden oder in einer anderen geschützten, für euch stimmigen Umgebung.

Übrigens hören sich die letzten Atemzüge Sterbender für nicht medizinisch versierte Menschen oft sehr bedrohlich an. Sie klingen wie ein lautes Rascheln oder Gurgeln – so, als würde jemand ersticken. Dem ist aber nicht so. Es ist das ganz normale Geräusch, wenn die letzte Luft aus der Lunge entweicht.

An dieser Stelle ist mir eine Anmerkung wichtig: Selbst wenn du mit Unterstützung der Familie und/oder von Freunden 24 Stunden an sieben Tagen in der Woche am Sterbebett deines geliebten Menschen wachst, kann es passieren, dass er genau in dem Moment geht, in dem du dir einen Kaffee holst oder zur Toilette gehst.

Oft ist es für einen Menschen leichter zu sterben, wenn gerade niemand am Bett sitzt.

Das ist sehr häufig der Fall und ich weiß, wie traurig Zugehörige dann oft sind. Manche quälen sich mit dem Gedanken, im entscheidenden Moment nicht da gewesen zu sein. Doch in Wahrheit ist es für deinen geliebten Menschen vermutlich leichter zu gehen, wenn gerade niemand am Bett sitzt. Auch für ihn ist es unendlich traurig, dich zurücklassen zu müssen. Vertraue darauf, dass es genau richtig so sein wird, wie es kommt.

Was jetzt zu tun ist

Erst einmal nichts! Egal, ob der Tod in eurem Zuhause, im Hospiz, Pflegeheim oder Krankenhaus eingetreten ist, jetzt ist erst einmal Durchatmen angesagt. Lass die Stille auf dich wirken. Viele empfinden in diesem Moment eine Flut an Liebe und Frieden, selbst dann, wenn der Sterbeprozess lang und mühsam war und oft auch dann, wenn die Beziehung zu Lebzeiten nicht immer einfach war. Viele werden überwältigt von tiefer Dankbarkeit dafür, dass der geliebte Mensch es nun geschafft hat, die Schwelle zu überschreiten.

Vielleicht möchtest du eine Kerze anzünden, falls sie nicht ohnehin schon länger brennt. Vielleicht möchtest du das Fenster öffnen – man sagt, die Seele könne dann ihren Weg hinausfinden.

Immer wieder werden wir Bestatter nachts noch aus dem Krankenhaus angerufen, wenn der Zugehörige gerade vor wenigen Minuten verstorben ist. Ich vermute, es ist die pure Hilflosigkeit und das Bedürfnis, jetzt etwas tun zu können, nicht einfach nur herumzusitzen. Da du nun dieses Buch liest, weißt du also, dass du wirklich erst einmal Ruhe bewahren darfst! Erlaube dir, dich nun ganz in den Prozess des Abschiednehmens hineinfallen zu lassen. Und wenn du das Bedürfnis hast, mit jemandem zu sprechen, dann rufe eine dir vertraute Person an.

Abschied in aller Ruhe

Was wir in unserer Sterbekultur in den letzten Jahrzehnten verlernt haben: unsere Toten aufzubahren und somit nicht nur sich selbst Zeit für einen Abschied in Ruhe zu nehmen, sondern auch Angehörigen und Freunden diese Möglichkeit zu schenken. Auch in Einrichtungen wie Krankenhäusern oder Pflegeheimen gibt es heutzutage oft ein gutes Gespür für eine heilsame Abschiedskultur.

In Krankenhäusern und Pflegeheimen gibt es heutzutage oft ein gutes Gespür für eine heilsame Abschiedskultur.

Meist gibt es dafür einen eigenen Raum mit einer besonders schönen, entspannten Atmosphäre. Der Verstorbene wird von allen Zugängen befreit, gewaschen und hergerichtet. Die Zugehörigen bekommen so viel Zeit, wie sie benötigen, damit die Seele hinter dem Geschehenen hinterherkommen kann. Frage gern nach, ob du bei der Versorgung deines geliebten Menschen behilflich sein darfst.

Susanne hat den Abschied von ihrem Schwiegervater so erlebt:

Als wir in den frühen Morgenstunden erfahren haben, dass er jetzt gestorben ist, gingen wir am Vormittag in den „Raum der Stille", wo er liebevoll aufgebettet war. Ein schöner Raum, etwas kühl, da es November war. An seinem Kopfende war ein schönes großes Fenster mit hellen blau-grünen Glasfenstern. Das wirkte sehr beruhigend auf mich.

Er sah aus, als ob er tief und fest schlafen würde und er sah für mich so schön aus. Er hatte viele Chemotherapien hinter sich und doch war seine Haut so schön, ja fast ein wenig rötlich. Auch hatte er zweimal kompletten Haarausfall wegen seinen Behandlungen, jedoch zu seinem Tod hatte er wunderschöne weiche silbrig-weiße Haare.

Das Schönste für mich jedoch war: Er hatte den kleinen Blumenstrauß, den ich ein paar Tage zuvor mitgebracht hatte, auf seinem Bauch liegen und seine Hände wurden ihm darübergelegt. Ist das nicht schön? Das berührte mich sehr und berührt mich immer noch. So eine schöne, liebevolle und achtsame Geste der Schwestern. Dies fiel mir gleich auf, als ich den Raum betrat, und ich bin mir sicher, meine Blumen haben mir die Angst genommen, die so im Raum stand. Da war nur noch Liebe und ein gutes, liebevolles Abschiednehmen.

Susannes Beispiel zeigt, wie wertvoll und hilfreich ein liebevoller Abschied für den Einstieg in den Trauerprozess ist.

Hausaufbahrung

Was viele nicht wissen: Auch wenn sie woanders verstorben sind, dürfen wir unsere Toten noch einmal nach Hause holen. Die Frist für eine solche Hausaufbahrung beträgt in Deutschland je nach Bundesland bis zu 36 Stunden ab dem Todeszeitpunkt. Dass Verstorbene ein Leichengift ausströmen, ist übrigens ein Mythos, der sich leider bis heute vereinzelt hält.

Als mein Vater starb, habe ich diese Stunden, die wir noch gemeinsam mit ihm in seinem Zuhause verbracht haben, als ein wahres Geschenk empfunden. Den ganzen Tag über kamen immer wieder Freunde vorbei, saßen eine Weile mit unserer Mutter am Sterbebett, nahmen selbst Abschied und spendeten uns Trost. Am Abend nahm unser befreundeter Pastor die Aussegnung vor und erst dann kam der Bestatter zur Abholung.

Gemeinsam mit weiteren Familienangehörigen oder auch mit Unterstützung des Bestatters kannst du deinen geliebten Menschen nun waschen und ihm die Kleidung anziehen, in der er auf seine letzte Reise gehen soll. Manche wählen dazu den besten Anzug oder ein schönes Kleid aus, andere nehmen die bequeme Jogginghose oder das Nachthemd. Vertraue deinem Gefühl, was sich für dich stimmig anfühlt. Auf jeden Fall ist es ein heilsames und liebevolles Ritual, ein letztes Mal den Körper zu waschen, mit einer wohlriechenden Creme einzucremen, die Haare zu frisieren und die ausgesuchte Kleidung anzuziehen.

Christine Kaiser starb im Dezember 2021 an Krebs. Sie nahm ihre Community auf Instagram und Facebook in den Prozess ihrer Erkrankung mit, weil sie eine Lanze für bewusstes Sterben brechen wollte. Es war ihr ein Bedürfnis, Tabus zu brechen, damit sich endlich in Bezug auf den Tod und das Sterben etwas in unserer Gesellschaft bewegt. Daher besprach sie mit ihren liebsten Menschen, dass von ihrer Totenfürsorge, also von der Herrichtung ihres toten Körpers und Einbettung in ihren Sarg, ein Video gedreht und veröffentlicht werden sollte.

Bis heute bekomme ich beim Anschauen Gänsehaut vor Rührung. Ich finde, es zeigt sehr eindrücklich, wie friedlich und heilsam eine solche persönliche Totenfürsorge sein kann. Hinter diesem Link kommst du auf Christines Facebook-Seite, auf der du das Video findest: www.facebook.com/christine.kaiser.lily

Ärztliche Todesbescheinigung

Erst wenn der Arzt den Tod festgestellt und die ärztliche Todesbescheinigung ausgestellt hat, darf das Bestattungsunternehmen die Überführung vornehmen. Bei einer Sterbesituation zu Hause empfehle ich dir dringend, nicht den Notarzt zu rufen, sondern möglichst den Hausarzt, den Palliativmediziner oder einen anderen Arzt oder Ärztin, die den verstorbenen Menschen gut kannte. So verhinderst du, dass irgendein unbekannter Arzt in Unkenntnis der Vorgeschichte auf dem Totenschein das Kreuzchen bei „ungeklärte Todesursache“ setzen muss und somit die Kriminalpolizei den Leichnam für weitere Untersuchungen an sich nimmt.

> Rufe nicht den Notarzt, sondern möglichst einen Arzt oder eine Ärztin, die den verstorbenen Menschen gut kannte.

Die Einschaltung der Kripo ist ein gängiger Verwaltungsakt, durch den verhindert werden soll, dass Verbrechen übersehen werden. Also eigentlich kein Grund zur Besorgnis, aber für die Zugehörigen erzeugt er meist viel Leid, weil ihnen ihr geliebter Mensch dem Gefühl nach entrissen wird und auch erst nach in der Regel zwei bis vier Tagen wieder freigegeben wird. Zudem sind die von der Kripo beauftragten Überführungsunternehmen nach meiner Erfahrung häufig nicht besonders sensibel im Umgang mit den Zugehörigen. Nicht selten erlebe ich anschließend zutiefst entsetzte Menschen, die in einer ohnehin emotionalen Situation geschockt und konsterniert zurückbleiben.

Ein Arzt hingegen, der den Verstorbenen zuvor gekannt und behandelt hat, kreuzt im Regelfall „natürliche Todesursache“ an. Somit ist die Voraussetzung geschaffen, dass das von euch ausgewählte Bestattungsunternehmen die Überführung vornehmen kann und du vor allem jederzeit deinen geliebten Menschen dort besuchen kannst.

DIE ZEIT BIS ZUR BEISETZUNG

Die Trauerforscherin Ruthmarijke Smeding prägte für die Zeit zwischen dem Tod und der Beisetzung den Begriff „Schleusenzeit“: Sie dient wie eine Schleuse für den Verstorbenen vom Leben hier auf Erden hin zu dem, was danach kommen mag. Und auch für die Zugehörigen sind diese Tage bzw. Wochen ein Übergang vom Leben mit dem geliebten Menschen hin zu dem Leben ohne ihn.

Je nach Beisetzungsart – Erd- oder Feuerbestattung – dauert diese Zeit zwischen wenigen Tagen und einigen Wochen. Bestattungsrecht ist in Deutschland Länderrecht, daher ist im jeweiligen Bestattungsgesetz deines Bundeslandes nachzulesen, innerhalb welcher Frist eine Beisetzung erfolgen muss.

Mein wichtigster Rat für dich in dieser Zeit: Versuche, so viel wie möglich selbst zu entscheiden und zu gestalten. Der Tod ist geschehen, ein unkontrollierbares Ereignis, auf das du keinen Einfluss nehmen konntest. Nun gilt es, wieder selbst handlungsfähig zu werden, die Fäden in die Hand zu nehmen. Unsere Bestattungskultur der vergangenen Jahrzehnte ging leider in eine andere Richtung: Den Zugehörigen wird heutzutage häufig fast alles aus der Hand genommen. Bestattungshäuser bieten das „Rundum-sorglos-Paket“ von der Überführung bis zur Beisetzung an, vielfach mit dem wohlgemeinten Slogan „Nehmen Sie sich Zeit für die Trauer, wir übernehmen den Rest“.

> Die Schleusenzeit ist eine wichtige Phase für den späteren Trauerprozess der Zugehörigen.

Dabei wird übersehen, welch wichtige Phase die Schleusenzeit für die Zugehörigen gerade für den späteren Trauerprozess ist.

In der Psychologie sprechen wir von der sogenannten „Selbstwirksamkeit“: Gemeint ist die Fähigkeit, für sich selbst wirksam zu werden. Es geht um das Vertrauen, Herausforderungen aus eigener Kraft meistern zu können. Dafür braucht es das aktive Tun! Es ist daher kontraproduktiv, sich alles vom Bestattungsunternehmen abnehmen zu lassen. Organisatorische Themen wie die Abmeldungen bei der Krankenkasse oder Rentenversicherung kannst du natürlich gern abgeben. Bei allem anderen möchte ich dich ermutigen, so viel wie möglich selbst zu gestalten. Mitunter braucht es eine gewisse Hartnäckigkeit, den Bestatter von den eigenen Wünschen zu überzeugen.

Natürlich gilt es, für deine/eure Ideen und Wünsche das passende Bestattungsunternehmen als Partner zu finden. Anja schreibt mir dazu:

Ich habe in den letzten Wochen vor Thomas' Tod viel im Internet gelesen und bin zum Beispiel Bestattern bei Twitter gefolgt. Ich wollte wissen, was alles erlaubt und möglich ist, um aktiv mitgestalten zu können. Dadurch entwickelte sich auch mein Wunsch, seine Urne selbst zu tragen.

Höre dich am besten frühzeitig in deinem Umfeld um, wer mit welchem Institut gute Erfahrungen gesammelt hat. Wenn dir von der Website oder aus den sozialen Medien ein Bestattungshaus sympathisch ist, führe dort ruhig schon einmal ein Gespräch, in dem du alle deine Fragen klären kannst und so auch ein Gespür bekommst, ob die Chemie zwischen euch stimmt.

Im Idealfall hast du über die meisten Entscheidungen im Vorfeld mit deinem geliebten Menschen sprechen können. Dessen Wünsche nun umzusetzen, ist ein überaus heilsamer und tröstlicher Prozess.

Ich wurde als Bestatterin zu einer Familie gerufen, weil der Ehemann und Vater im Sterben lag. Sie hatten noch viele Fragen rund um den Friedhof und die verschiedenen Grabarten. Ich fragte ihn, wie er sich seine Beerdigung konkret vorstelle und ob er sich Gedanken über die Musik gemacht habe. Er wünschte sich eine Trauerfeier unter freiem Himmel und sagte: „Alexa, spiele ‚Wish you were here' von Pink Floyd." Die Musik ging an …

Drei Wochen später hielt ich die Trauerrede. Es war ein sonniger Septembermorgen, wir standen am Grab und hörten „Wish you were here" mit der Alexa-Geschichte, die ich zuvor erzählt hatte. Es war so ein friedliches Gefühl zu wissen, dass wir nun alles ganz in seinem Sinne tun.

Bestattungs- und Grabarten

In Deutschland gilt grundsätzlich Friedhofszwang. Das bedeutet, der Körper oder die Asche eines Verstorbenen muss auf einer als Friedhof ausgewiesenen Fläche (das kann auch ein Bestattungswald oder auf See sein) beigesetzt werden. Aktuell macht allein Bremen eine Ausnahme: Dort darf die Asche unter bestimmten Auflagen auch auf einem Privatgrundstück beigesetzt werden.

> In Deutschland müssen Körper oder Asche eines Verstorbenen auf einer als Friedhof ausgewiesenen Fläche beigesetzt werden.

In der Schweiz, in Frankreich und in den Niederlanden ist es möglich, die Asche selbst beizusetzen oder mit nach Hause zu nehmen. Die Oma auf dem Kaminsims stehen zu haben, ist dort etwas völlig Normales. In Deutschland ist dies bisher nur mit der Asche von Tieren möglich.

Fragen, auf die ihr Antworten finden solltet

Bei der Frage, wo und wie die Bestattung stattfinden soll, gilt es unterschiedliche Bedürfnisse zu berücksichtigen. Da gibt es den Wunsch des sterbenden Menschen einerseits und die Bedürfnisse der Zurückbleibenden andererseits, die mit dieser Entscheidung viele Jahre leben müssen.

Elkes Schwiegervater hatte zu Lebzeiten den Wunsch geäußert, in einer Urne anonym bestattet zu werden. Seine Ehefrau wollte das nicht, ihr war ein Ort, den sie besuchen kann und wo sie den Namen ihres Mannes sieht, wichtig. Da die beiden zu Lebzeiten keinen Konsens finden konnten und es auch keine Bestattungsvorsorge gab, entschied nach dem Tod die Ehefrau: Ihr Mann liegt nun in einem Erdgrab mit Grabstein.

Gerade bei sich widersprechenden Wünschen ist es also umso wichtiger, sich zu Lebzeiten ehrlich auszutauschen, Informationen über die Alternativen einzuholen und möglichst einen Konsens bzw. eine von allen Seiten respektierte Lösung zu finden.

Vielleicht helfen euch die folgenden Fragen dabei, die passenden Rahmenbedingungen für eure Entscheidung zu finden.

DER WEG ZUR PASSENDEN GRABART

- Brauchst du für dich als Angehörige oder Angehöriger das Grab als einen Ort, den du regelmäßig aufsuchen kannst? Ist das Grab der Ort, wo du deinem geliebten Menschen nahe bist?
- Ist das Grab für dich gut zu erreichen? (Entfernung, aber auch Wegbeschaffenheit: Das hinterste Eckchen im Friedwald ist für den gehbehinderten Witwer nicht die beste Entscheidung, wenn er regelmäßig das Grab besuchen möchte.)
- Wenn du das Grab selbst pflegen möchtest: Hast du dafür nicht nur in den ersten Jahren, sondern über den gesamten Zeitraum von 20 bis 30 Jahren Kapazitäten? Reichen die finanziellen Mittel für eine professionelle Grabpflege durch einen Friedhofsgärtner?
- Möchtet ihr perspektivisch in einem gemeinsamen Grab liegen? Das schließt manche Grabart, die es nur als Einzelgrab gibt, aus.
- Gibt es eine Familiengruft, in der ein Plätzchen frei ist? Für viele ist die Vorstellung einer Familienzusammenführung tröstlich, für andere ist genau das ein Ausschlusskriterium.

Erd- oder Feuerbestattung

Das ist die erste, ganz grundsätzliche Entscheidung, die ihr zu fällen habt. Mittlerweile sind bis zu 70 Prozent der Bestattungen Feuerbestattungen. Sie sind nicht nur kostengünstiger, auch die zu pflegenden Grabflächen sind kleiner und zudem sind die Möglichkeiten alternativer Bestattungsformen vielfältiger.

Es ist übrigens ein Mythos, dass wir im Sarg von Würmern zerfressen werden. In anderthalb bis zwei Metern Tiefe gibt es keine Würmer! Die Zersetzung des Körpers geschieht vielmehr durch die körpereigenen Keime, und zwar genau diejenigen, die zuvor im Leben unser Essen zersetzt und für einen guten Stoffwechsel gesorgt haben. Was uns vielleicht nicht ganz geheuer vorkommt, ist in Wahrheit ein völlig natürlicher Prozess.

Feuerbestattungen sind nicht nur kostengünstiger, auch die zu pflegenden Grabflächen sind kleiner.

In meinen Augen ist es eher eine rein emotionale Entscheidung, wo und wie man sich seine letzte Ruhestätte vorstellen kann. Es ist dabei nicht zwingend erforderlich, dass ihr gemeinsam die gleiche Entscheidung treffen müsst. Solltet ihr ein gemeinsames Grab wünschen, gibt es auch Grabarten, in denen ein Sarg und eine Urne beigesetzt werden können.

Der Klassiker: Friedhof

Friedhöfe haben den Vorteil, dass es sie wohnortnah gibt und sie viele verschiedene Grabarten anbieten. Bei konfessionellen Friedhöfen ist zu klären, ob dein geliebter Mensch dort bestattet werden darf, auch wenn er aus der Kirche ausgetreten ist. Die Gemeinden handhaben das unterschiedlich liberal.

Ganz grob sind folgende Grabarten zu unterscheiden. Einzelheiten für den konkreten Friedhof kann euch der Berater oder die Beraterin des Bestattungshauses erläutern.

- **Reihengräber**: Sie werden auf einem Grabfeld der Reihe nach als Sarg- oder Urnengrab vergeben. In diesen Gräbern darf immer nur eine Person bestattet werden. Eine Verlängerung nach dem Ende der Ruhefrist ist nicht möglich.

- **Wahlgräber**: Hierbei suchst du dir den genauen Grabplatz aus. Du entscheidest, ob dir beispielsweise die Lage unter Schatten spendenden Bäumen, in der Nähe einer Wasserstelle oder einer Bank wichtig ist. In Wahlgräbern ist meist Platz für mindestens zwei Urnen oder für einen Sarg und eine Urne. Zudem gibt es auch zwei- oder mehrstellige Wahlgräber. Wahlgräber können verlängert werden.
- **Urnengemeinschaftsgräber**: In einem Grabfeld werden mehrere Urnen bestattet; in der Mitte des Feldes sind an einer Stele die Namen der Verstorbenen angeschlagen.
- **Kolumbarium**: Überirdische Grabstätten, die an kleine Gebäude erinnern, in denen Grabkammern für jeweils ein bis vier Urnen eingelassen sind (viele Friedhöfe bezeichnen sie als Urnenstele). Nach der Beisetzung wird die Grabkammer mit einer Platte verschlossen, auf die der Name sowie das Geburts- und Sterbedatum graviert werden. Es gibt auch Kolumbarien in Häusern oder ehemaligen Kirchen. Dort sind die Grabkammern häufig mit Glasplatten versehen, sodass die Urnen sichtbar bleiben.

Bestattungswald

Die Beisetzung in einem Bestattungswald, beispielsweise Friedwald oder Ruheforst, wird in Deutschland immer populärer. Dort kannst du dir gemeinsam mit dem Förster den Baum aussuchen, an dem dein geliebter Mensch bestattet werden soll.

> Die Beisetzung in einem Bestattungswald wird in Deutschland immer populärer.

Es gibt auch die Möglichkeit, eine Grabstätte für mehrere Urnen auszusuchen. Eine Sargbeisetzung ist in den meisten Bestattungswäldern nicht möglich. Als Grabschmuck sind ausschließlich Naturmaterialien zugelassen, das heißt, du kannst später beispielsweise keine Grabkerze dort abstellen. Inzwischen bieten auch viele traditionelle Friedhöfe sogenannte Baumbestattungen an.

Seebestattung

Bei einer Seebestattung wird die Asche in eine spezielle Urne gefüllt, die sich im Wasser besonders schnell auflöst. Das Schiff fährt in das ausgewählte Seegebiet hinaus und lässt die Urne auf See herunter. Die Beisetzung kann im Beisein der Zugehörigen oder ohne sie stattfinden. Seebestattungen sind von vielen deutschen Nord- oder Ostseehäfen aus möglich oder auch im Ausland. Über Einzelheiten informiert dich das Bestattungsunternehmen.

Luftbestattung

Aufgrund der Friedhofspflicht ist die Luftbestattung in Deutschland nur sehr bedingt möglich.

Aufgrund der liberaleren Gesetze in den Niederlanden ist dort beispielsweise das Verstreuen mithilfe eines Heliumballons möglich. Hier wird die Asche in einen oder mehrere Heliumballons gefüllt. Dieser wird in die Luft gelassen und zerplatzt ca. in 20 Kilometer Höhe, sodass die Asche in alle Himmelsrichtungen verstreut wird.

In der Schweiz ist eine Almwiesenbestattung möglich. Die Urne wird nach der Kremation in die Schweiz überführt, wo die Asche entweder an einem Steilhang verstreut oder unter der Grasnarbe einer Almwiese beigesetzt wird.

Die Trauerfeier als zentrales Abschiedselement

Vermutlich kennst du die klassische Trauerfeier in der Kirche oder Friedhofskapelle mit anschließender Beisetzung des Sarges oder der Urne. Land auf, Land ab ist das die gängige Vorstellung, wie eine Trauerfeier „stattzufinden hat“. Doch in Wahrheit sind der Gestaltung einer Abschiedszeremonie, räumlich wie inhaltlich oder örtlich, keine Grenzen gesetzt. Es braucht nur ein bisschen Mut und das passende Bestattungshaus, das mit dir gemeinsam kreative Wege geht.

Der Gestaltung einer Abschiedszeremonie sind räumlich wie inhaltlich oder örtlich keine Grenzen gesetzt.

Natürlich soll eine Trauerfeier kein Event, keine Inszenierung sein. Sie sollte im besten Fall zum verstorbenen Menschen und zu den engsten Zugehörigen passen. In meinen Trauerbegleitungen höre ich häufig: „Wenn ich das damals gewusst hätte, dass es möglich ist ...“ Daher möchte ich in diesem Abschnitt über die Möglichkeiten aufklären, ohne damit zu bewerten, welche Wege besser oder schlechter sind. Es gibt nur deinen bzw. euren Weg, der zu euch passt! Nehmt die vielfältigen Informationen als Inspiration, um die Elemente für die Abschiedsfeier zu finden, die wirklich stimmig für euch sind.

Religiöser Ritus oder freie Zeremonie?

Als Erstes steht die Entscheidung an, ob es eine kirchliche Zeremonie mit einem Pastor bzw. einer Pfarrerin oder eine freie Trauerfeier mit einem Redner oder einer Rednerin sein soll. Aus meiner Erfahrung sind freie Zeremonien häufig persönlicher gestaltet, aber auch ein religiöser Ritus kann im Moment des Abschieds Halt geben und Trost spenden. Das ist eine sehr persönliche Entscheidung.

Immer häufiger werde ich als freie Trauerrednerin bereits vor dem Tod angesprochen. Das gibt mir die Möglichkeit, den Menschen persönlich kennenzulernen, über dessen Leben ich später in der Abschiedsfeier sprechen werde.

Monika war durch eine Krebserkrankung auf ihrer letzten Wegstrecke. Sie nahm Kontakt mit einem Bestatter auf, suchte ihre Urne und ihr Grab aus und so kam auch ich eines Tages als freie Trauerrednerin ins Spiel. Sie wollte mich unbedingt vor ihrem Tod kennenlernen und ich sollte die Rede noch zu ihren Lebzeiten schreiben, damit sie sie „abnehmen" könne.

Zweimal besuchte ich sie im Hospiz, wir hatten zauberhafte Gespräche über das Leben und den Tod, wir lachten viel, sie war eine unglaublich humorvolle Frau mit dem Herzen auf der Zunge, aber – Ruhrpott-typisch! – auch mit klaren Ansagen. „Lassen Sie sich ruhig Zeit, ich lebe noch ein Weilchen!", war ihre Verabschiedung bei unserem zweiten Treffen.

Zwei Wochen später erreichte ich sie telefonisch nicht, um einen Termin für ein weiteres Treffen zu vereinbaren. So fuhr ich auf gut Glück ins Hospiz. Sie lag im Sterben, war aber noch ansprechbar und freute sich über meinen Besuch. Ich las ihr den ersten, persönlichen Teil der Rede vor, sie hatte zwei Anmerkungen, dann spürte ich, dass ihre Kräfte nachließen. Ich verabschiedete mich und wünschte ihr eine gute Reise. Keine drei Stunden später informierte der Bestatter mich über ihren Tod.

Die Trauerfeier berührte auch mich sehr: Monika hatte so viel vorbereitet, alles war zu 100 Prozent stimmig, und selbst bei meinen Worten wussten wir, dass sie ganz in ihrem Sinne waren. Tröstlicher geht es kaum.

Bedenke auch, welchen Namen du dieser Zeremonie gibst. Das Seelenamt für meinen Vater nannten wir Auferstehungsgottesdienst; das passte, weil er selbst immer davon sprach, nach seinem Tod in ein neues Leben zu gehen. Viele meiner Kunden sagen Abschiedsfest, Gedenkfeier oder Lebensfeier dazu. So kommt die Haltung zum Ausdruck, dass es in diesen Momenten nicht nur um Trauer geht, sondern um dankbare Erinnerung und vor allem um das Leben der verstorbenen Person, die noch einmal ganz in die Mitte genommen wird.

Gib der Zeremonie den Namen, der deine Haltung zum Ausdruck bringt.

Wo soll die Trauerfeier stattfinden?

Klassischerweise finden Trauerfeiern in einer Kirche oder Friedhofskapelle statt. Auch viele Bestattungsinstitute haben heute eigene Abschiedsräume. Während der Coronapandemie fanden viele Zeremonien unter freiem Himmel direkt am Grab statt: ein schönes Symbol, um dem Himmel ganz nah zu sein. Aber natürlich auch eine wetterabhängige Variante – obwohl einige Friedhöfe bereits mobile Dachkonstruktionen für diese Zwecke anbieten.

Wenn du dir vorstellen kannst, die Abschiedsfeier von der Beisetzung zu trennen, kommen noch ganz andere Locations infrage: für den Sportler das Vereinsheim des Sportvereins, für die Gartenliebhaberin der private Garten oder Innenhof, für den Schrauber die Werkstatthalle, für das Bandmitglied der Probenraum, für die Bäuerin die Almwiese – deiner bzw. eurer Fantasie sind wirklich keine Grenzen gesetzt. Die Beisetzung kann dann zu einem späteren Zeitpunkt im engeren Kreis stattfinden.

Sollten Familie und Freunde weit verstreut sein, ist auch eine Online-Gedenkfeier via Zoom denkbar. Eine technisch aufwendige Variante ist es, einen Livestream von der Trauerfeier vor Ort zu übertragen. Die Alternative dazu erlebte ich folgendermaßen:

Alexanders Familie lebt über den halben Erdball verstreut in Deutschland, Kanada und in den USA. Seine Beisetzung fand auf See im Beisein der engsten Familienangehörigen statt. Gemeinsam mit seinen Töchtern gestaltete ich eine Gedenkzeremonie via Zoom:

Ich fasste sein Leben in eine kurze Ansprache, seine Töchter erzählten vom besten Papa der Welt, sie spielten eine Slideshow mit Bildern und Musik ein und wir öffneten die Mikrofone für Beiträge der Teilnehmenden. Zum Abschluss sprach ich ein Segensgedicht in Anlehnung an einen irischen Reisesegen.

Welche Musik soll gespielt werden?

Auch hier gibt es keine Grenzen! Es können Lieblingslieder der Verstorbenen, Lieder mit gemeinsamen Erinnerungen oder auch Trostlieder für die Anwesenden gespielt werden. Musik vom Band ist genauso möglich (und kann mobil auch für den Weg zum und am Grab genutzt werden) wie Livemusik in allen möglichen Stilrichtungen. Viele Sängerinnen und Sänger haben sich auf die Gestaltung von Trauerfeiern spezialisiert.

Ein Verstorbener hatte als Klingelton auf seinem Handy Highway to Hell – ich fand es nur zu passend, dass die Familie dieses Lied zum Schmunzeln aller auf der Trauerfeier abspielte.

Welche Dekoration ist passend?

Üblicherweise dekoriert der Bestatter zum Sarg oder zur Urne mit Blumen im Stil der jeweiligen Jahreszeit. Frage ruhig nach der Dekoration, denn diese ist wirklich Geschmackssache, und was dem Bestatter gefällt, muss nicht unbedingt deine Zustimmung finden. Zudem kannst du mit individuellen Gegenständen eine weitere persönliche Note setzen: Notenhefte für die Klavierspielerin, das Saxofon des Musikers, die Wanderschuhe des Wanderers, eine Flasche Wein mit Glas für die Weinliebhaberin, das Fahrrad, der Hut, das Fanshirt ...

Mit individuellen Gegenständen kannst du eine persönliche Note setzen.

Häufig wird ein vergrößertes Foto des verstorbenen Menschen aufgestellt. Stattdessen kann auch mittels Beamer eine Slideshow mit vielen Bildern aus dem Leben laufen.

Eine kreative Variante, die die Gäste mit einbindet: Bitte alle Teilnehmenden, ein Foto zur Lebensfeier mitzubringen und stelle am Eingang eine Pinnwand auf (diese kann der Bestatter oder jemand aus dem Freundeskreis bestimmt besorgen). So entsteht eine bunte Collage aus dem Leben deines geliebten Menschen. Wenn die Gäste auf die Rückseite ihres Fotos notiert haben, bei welcher Gelegenheit es entstanden ist, hast du anschließend eine wunderschöne Erinnerung und Verbindung zu den Menschen, denen der Verstorbene nahe war.

Weitere Texte oder Wortbeiträge

Es gibt so viele tröstliche Geschichten, Gedichte oder Segenstexte, vielleicht findet sich im Familien- oder Freundeskreis jemand, der einen solchen Text vorlesen möchte. Im Anhang sind einige Quellen für solche Texte aufgeführt.

Sehr persönlich wird es auch, wenn Angehörige, Kolleginnen oder Freunde ein paar Worte über die verstorbene Person aus ihrer Perspektive an die Trauergemeinde richten.

Susanne war nach einem langen Krankheitsweg verstorben. Sie hatte alles gut vorbereitet und sogar einen Brief an die Trauergemeinde geschrieben, den ihre beste Freundin in der Trauerfeier vorlas. Die Anwesenden waren natürlich sehr berührt, fühlten sich aber auch getröstet durch Susannes Worte.

Ein weiteres Beispiel:

Die 25-jährige Tochter einer Verstorbenen schrieb einen Brief an ihre Mutter, traute sich jedoch nicht, diesen in der Trauerfeier vorzulesen. Stattdessen nahm sie ihn zu Hause in aller Ruhe mit dem Handy auf und ich spielte das Audio während der Feier ein. Mich hat es berührt, wie achtsam diese junge Frau ihre Grenzen gewahrt und dennoch einen so persönlichen Beitrag zum Abschied von ihrer Mutter eingebracht hat.

Eine weitere Möglichkeit, persönliche Anekdoten aus dem Leben des verstorbenen Menschen in die Trauerfeier einfließen zu lassen, ist das sogenannte „offene Mikrofon“: Nach der Ansprache des Geistlichen oder der Trauerrednerin wird das Mikro weitergereicht und wer möchte, kann den Satz vervollständigen: „Wenn ich an

Markus denke, fällt mir zuerst ein ...“ Wenn du zuvor ein oder zwei Menschen darüber informierst, können diese sich vorbereiten und das Eis brechen. Nach meiner Erfahrung trauen sich dann immer auch weitere Gäste, das Wort zu ergreifen.

Trauer- und Abschiedsrituale

Auch in der Trauerfeier tut es gut, etwas aktiv tun zu können, und zwar allen Anwesenden, nicht nur der engsten Familie. Rituale können verschiedene Symbole aufgreifen, idealerweise beispielsweise in der Ansprache bzw. in den Gebeten oder Segensworten. Hier eine kleine Auswahl:

- **Licht:** Jeder Gast zündet ein Teelicht an; die Lichter werden vorne am Sarg oder an der Urne abgestellt, z. B. in Form eines Herzens.
- **Verbindung:** Es wird ein Wollknäuel von Gast zu Gast weitergegeben, das sich entrollt. In jeder Sitzreihe liegt eine Schere bereit, sodass am Ende sich jeder ein Stück Faden als Erinnerung mit nach Hause nehmen kann.
- **Liebe:** Jeder Gast erhält zwei Herzen aus Tonkarton. Eins wird ins Grab gegeben, das zweite dient zu Hause oder im Portemonnaie als Erinnerung an den verstorbenen Menschen.
- **Erinnerung:** Jeder Gast erhält zwei Sterne aus Tonkarton. Ein Stern wird ins Grab gegeben, der zweite als Erinnerung behalten. Dazu passt wunderbar das Zitat eines unbekannten Verfassers: „Erinnerungen sind wie Sterne, die in das Dunkel unserer Trauer leuchten.“
- **Leben:** Es werden Blumensamen, zum Beispiel Vergissmeinnicht, oder Kräuter-/Gemüsesamen verteilt. Später entsteht daraus etwas Lebendiges, das zugleich Erinnerung an den Verstorbenen ist.

Wie kommt der Sarg oder die Urne zum Grab?

Üblicherweise organisiert der Bestatter dafür Sarg- bzw. Urnenträger. Doch du kannst auch selbst Hand anlegen. Eine Urne ist nicht besonders schwer. Sie selbst zu tragen, beispielsweise auch abwechselnd mit weiteren Familienangehörigen, ist tröstlich und heilsam. Ein schönes Zeichen der Verbundenheit ist es auch, wenn eine Zugehörige die Urne, ein anderer den Urnenkranz trägt. Solltest du dich vor dem Herunterlassen ins Grab scheuen, kann das der Bestattungshelfer übernehmen. Den Sarg können Angehörige bzw. Freunde zumindest auf der Lafette selbst bis zum Grab ziehen.

Ein schönes Zeichen der Verbundenheit ist es auch, wenn eine Zugehörige die Urne, ein anderer den Urnenkranz trägt.

Auch spontane Regieänderungen sind möglich, wie meine Kollegin von einer Beisetzung berichtet:

Eine 60-jährige Frau verstarb und die Tochter hatte entschieden, die Urne zu tragen. Beim Auszug aus der Trauerhalle hielt die Tochter inne, drehte sich um und setzte die Urne ihrer Oma in den Schoß, also der Mutter der Verstorbenen, und so fuhr die Urne samt Urnenkranz im Rollstuhl zum Grab. Das fand ich eine sehr berührende Geste.

Verbindung für die, die nicht dabei sein können

Nicht nur in Zeiten der Pandemie, auch sonst gibt es Gründe, warum Menschen nicht persönlich zur Abschiedsfeier kommen können: aus Krankheitsgründen, wegen wichtiger Abschlussprüfungen oder weil die Entfernung einfach zu weit ist. Teile diesen Menschen Tag und

Uhrzeit der Trauerfeier und Beisetzung mit. So können sie in dem Moment eine Kerze anzünden und sich auf diese Weise mit dem verstorbenen Menschen und der Trauergemeinde verbinden.

Weitere Gestaltungsmöglichkeiten

Abschiednahme am offenen Sarg

Vielfach gibt es eine gute Abschiedssituation am Sterbebett. War dies nicht der Fall oder möchtest du dich noch einmal in Ruhe verabschieden, bietet sich das mit einer Aufbahrung im Bestattungsinstitut an. Wenn ich in der Beratung frage, ob die Angehörigen sich noch einmal am offenen Sarg von ihrem geliebten Menschen verabschieden möchten, höre ich leider meistens den Satz: „Nein, nein, lassen Sie mal, ich möchte ihn so in Erinnerung behalten, wie er im Leben war."

Aber genau darin liegt die Krux: Wir klammern den Tod aus, tun so, als ob alles so bleiben könnte, wie es immer war. Für einen heilsamen Trauerprozess jedoch ist der Anblick unserer Toten hilfreich, weil sonst ein wichtiges Puzzlestück zwischen dem letzten lebendigen Augenblick und dem Moment der Beisetzung des Sarges oder der Urne fehlt. Es ist genau das Puzzlestück, das uns hilft, die Realität des Todes im wahrsten Wortsinn zu begreifen.

Für einen heilsamen Trauerprozess ist der Anblick unserer Toten hilfreich.

So paradox es für dich klingen mag: Ein letztes Mal die Wange zu streicheln, die Hand zu halten, den kalten Körper zu spüren sind heilsame Momente, die später nicht nachholbar sind. Sehr häufig ist es genau das, was Trauernde, die später bei mir in die Begleitung kommen, am meisten bereuen, nicht getan zu haben.

Tanja erzählt mir, wie sie den Abschied von ihrem Mann am offenen Sarg mit ihren beiden kleinen Kindern erlebt hat:

Da ich mich erinnerte, wie wichtig es für mich damals gewesen war, meine Mutter noch mal tot zu sehen, habe ich mich dazu entschieden, auch mit meinen Kindern noch mal Abschied von ihrem Papa zu nehmen. Auch wenn die Kinder noch so klein waren.

Es war ein sehr inniger und natürlich auch sehr trauriger Moment. Seine Hände waren hart und kalt und von den Kanülennadeln der Sanitäter durchstochen. Ansonsten sah er sehr friedlich aus. Er lag da in seinem bunt gestreiften Lieblingspulli, und dennoch wurde mir bei dem Anblick plötzlich klar, es ist nicht mehr unser Peter, es ist nur noch eine Hülle. Seine Seele muss woanders sein. Das hat mir geholfen, besser loslassen zu können.

Viele Bestattungsunternehmen gestalten einen solchen Abschied sehr liebevoll mit Kerzen, einer Foto-Slideshow mit Bildern aus dem Leben des Verstorbenen, passender Musik (z. B. von der Playlist, die ihr zuvor gemeinsam zusammengestellt habt) und vor allem viel Zeit, die sich alle am Sarg nehmen können. Wenn du dich allein nicht traust, den Toten anzusehen, bitte einen Freund oder eine Freundin oder auch die Mitarbeitenden im Bestattungsinstitut um Unterstützung.

Sarg- bzw. Urnenbeigaben

Ob mit oder ohne Abschied am offenen Sarg: Du kannst persönliche Erinnerungsstücke in den Sarg legen (lassen). Zum Beispiel Fotos, das Lieblingsshirt des Verstorbenen, seine Gitarre, ihr Lieblingsbuch. Statt Decke und Kissen des Bestatters zu kaufen, kannst du die persönliche Bettwäsche oder die Kuscheldecke vom Sofa nehmen. Gerade wenn Kinder betroffen sind, könnt ihr ein Bild für die Oma oder einen Brief an den Papa malen bzw. schreiben. Die einzige Einschränkung besteht darin, dass die Sargbeigaben verbrennbar sein müssen bzw. in der Erde verrotten sollten.

Ob mit oder ohne Abschied am offenen Sarg: Du kannst persönliche Erinnerungsstücke in den Sarg geben.

Auch zur Urne kannst du noch kleine Gegenstände beigeben. Zwischen der Aschekapsel, in die das Krematorium die Asche einfüllt, und der Überurne (Zierurne), die du ausgesucht hast, bleibt ringsum in den meisten Fällen ein kleiner Spalt von ca. fünf Millimetern. In diesen kannst du Fotos, einen Brief, gemalte Bilder oder ein Schmuckstück geben.

Die fünf Töchter einer Verstorbenen brachten zur Beisetzung jeweils eine kleine Blüte aus Papier mit, auf die sie einen letzten Gruß geschrieben hatten. Ich öffnete noch einmal die Zierurne, sodass sie ihre Blüte selbst hineinlegen konnten. Ein kleiner Moment von liebevoller Selbstwirksamkeit!

Sarg oder Urne selbst gestalten

Die Auswahl des Sargs oder der Urne ist natürlich immer auch Geschmacksache. Das Angebot an Designs und Materialien ist riesengroß; im Bestattungshaus lässt du dich am besten in Ruhe beraten. Dabei wird jedoch häufig eine ganz einfache Lösung ausgeklammert: der ganz schlichte Kiefernsarg bzw. die Holz- oder Biourne, den bzw. die du gemeinsam mit Angehörigen und engsten Freunden gestalten kannst. Das ist nicht nur eine kostengünstige Lösung, sondern eben auch eine besonders heilsame. Hierbei geht es nicht um eine künstlerische Bemalung, sondern vielmehr um ein liebevolles Ritual. Und einmal mehr um Selbstwirksamkeit.

Ein junger Familienvater war verstorben. Wir öffneten unsere Trauerhalle einen ganzen Sonntag lang. In kleinen Gruppen kamen über den ganzen Tag verteilt Familienangehörige und Freunde, um sich am geschlossenen Sarg zu verabschieden und darauf einen kleinen Gruß zu hinterlassen. Wir stellten Fingerfarben, Acrylfarben, Pinsel und Filzstifte bereit. An einem großen Bildschirm liefen Fotos aus dem gemeinsamen Leben in Dauerschleife. Alle Freunde brachten ihre Kinder mit, sie bemalten Grabkerzen und schrieben in die Deckel kleine Geheimbotschaften.

So entstanden nach und nach ein Lichtermeer aus Kerzen und ein bunt bemalter Sarg mit vielen liebevollen Botschaften. Die Atmosphäre war magisch: Am Sarg entwickelten sich beim Malen Gespräche über den Verstorbenen, es wurden Anekdoten geteilt, es wurde gelacht und geweint, manche zogen sich für einen Moment der inneren Einkehr zurück, die Kinder spielten zwischendurch im Hof Fangen.

Die Holzurne bemalte später die Ehefrau mit ihren Kindern. Zur Trauerfeier stellten wir in der Kirche wieder die bemalten Grabkerzen auf, die später auch das Grab zierten.

Und eine andere Geschichte:

Eine Verstorbene war viele Jahre lang in einer Gruppe aktiv, die sich wöchentlich zum Quilten (eine besondere Nähtechnik, z. B. für Patchworkdecken) traf. Aus dieser Gruppe nahm eine Dame die ausgesuchte Urne in Augenschein. Anschließend nähten sie farblich passende Achtecke, die als verzierendes Band auf die Urne geklebt wurden.

Wenn du selbst nicht so kreativ bist, dir aber eine individuelle und zum verstorbenen Menschen ganz und gar passende Urne wünschst: Es gibt Künstlerinnen und Künstler, die sich auf die Gestaltung von Urnen spezialisiert haben. Adressen dazu findest du im Anhang.

Kerze gestalten

Mit einfachen Mitteln lässt sich eine persönliche Kerze selbst gestalten. Im Bastelbedarf gibt es vorgefertigte Buchstaben und Zahlen aus Wachs. Damit klebst du den Namen sowie Geburts- und Sterbedatum auf eine große Kerze. Aus farbigen Wachsplatten kannst du noch ein Symbol gestalten, beispielsweise einen Regenbogen, ein Herz, eine Sonne oder etwas, das einen persönlichen Bezug zum Verstorbenen hat. Diese Kerze lässt du in der Trauerfeier am Sarg oder an der Urne brennen. Anschließend leuchtet sie zu Hause in deiner Erinnerungsecke, in der du ein Foto deines geliebten Menschen aufstellst und persönliche Erinnerungsstücke dekorierst.

Falls du nicht selbst basteln möchtest, findest du im weltweiten Netz viele Angebote für die Personalisierung von Kerzen.

Traueranzeige in der Zeitung

Sie bietet sich dann an, wenn du möglichst viele Menschen über den Tod informieren möchtest, aber keine privaten Adressen hast. Oft werde ich gefragt: „Was schreibt man denn da rein?" In der Wochenendausgabe der Tageszeitung lese ich ganz häufig identische 08/15-Texte. Ich möchte dich ermutigen, dich nicht an dem zu orientieren, was „man" so macht, sondern ganz deinem Herzen zu folgen und eine wirklich persönliche Anzeige zu formulieren. Zum Beispiel mit einem Zitat, einem typischen Satz, den dein geliebter Mensch oft gesagt hat. Oder auch mit einem Foto von ihm oder von einem Ort, den ihr gemeinsam oft besucht habt. Auch hier kannst du all deine Liebe einfließen lassen.

Ich möchte dich ermutigen, ganz deinem Herzen zu folgen und eine wirklich persönliche Anzeige zu formulieren.

Kleine Zeremonie im Krematorium

Viele Krematorien bieten den Zugehörigen an, eine kleine Zeremonie vor Ort zu gestalten, bevor der Sarg in den Ofen einfährt. Auch hier sind deiner Fantasie keine Grenzen gesetzt. Du kannst die besten Freunde einladen, noch einmal am Sarg innezuhalten, ein Kerzenritual zu gestalten, gemeinsam zu singen, Erinnerungen zu erzählen oder ein Gedicht vorzulesen. In Absprache mit dem Krematorium ist es auch möglich, bei der Einfuhr in den Ofen dabei zu sein.

Auf diese Art weißt du jederzeit, was mit deinem geliebten Menschen gerade passiert, denn die Unsicherheit, wo er ist und ob die Kremation schon erfolgt ist, treibt viele Trauernde um.

RECHTLICHES

In diesem Kapitel geht es um wichtige organisatorische und rechtliche Dinge. Meine Schilderungen reißen diese umfangreichen und komplexen Themen lediglich an. Keinesfalls können sie eine Rechtsberatung ersetzen. Ich weiß, dass für viele diese eher trockenen Themen mehr als lästig sind, aber wenn sie nicht geregelt sind, werden sie noch lästiger!

Denke bitte immer daran, dass du deinen zurückbleibenden Lieben etwas wirklich Gutes tust, indem du deine Vorsorge- und Vermögensthemen rechtlich sauber und vorausschauend für sie regelst. Diese Lebensphase ist ohnehin anstrengend – wohl dem, der nicht erst noch auf die Suche nach wichtigen Unterlagen gehen oder sich mit Ärzten und Behörden herumschlagen muss. Die gesparte Zeit könnt ihr jetzt noch in wertvolle gemeinsame Erlebnisse und später für einen möglichst gelassenen Trauerprozess – frei von organisatorischen Komplikationen – einsetzen.

Diese Lebensphase ist ohnehin anstrengend – wohl dem, der nicht erst noch auf die Suche nach wichtigen Unterlagen gehen muss.

Solltest du dich bisher nicht um eine Vorsorgevollmacht, Patientenverfügung und Co. gekümmert haben, wird es allerhöchste Eisenbahn! Ich hoffe, ich kann dich hiermit dazu motivieren, diese Themen endlich anzugehen.

Vorsorgevollmacht

Lange Zeit dachte ich: Was soll mir schon passieren – wenn ich nicht mehr sprechfähig bin, entscheidet mein Mann für mich und er weiß ja, was ich möchte und was nicht. Was für ein Irrglauben! Ohne eine Vorsorgevollmacht dürfte mein Ehemann gar nichts für mich entscheiden. Das Amtsgericht würde einen gesetzlichen Betreuer bestellen.

Die Vorsorgevollmacht ist das A und O deiner benötigten Dokumente. In einer Vorsorgevollmacht benennst du eine Person deines Vertrauens, stellvertretend für dich zu handeln, zu entscheiden und Verträge abzuschließen. Der Regelungsumfang umfasst vier Bereiche: Gesundheit, Aufenthaltsbestimmung, Finanzen/Vermögen sowie Post/Behörden/Kommunikation. Die Vollmacht soll für den Fall gelten, dass du die Dinge nicht mehr selbst bewältigen kannst. Du kannst sie jederzeit wieder entziehen oder inhaltlich verändern.

Die von dir gewählte Person deines Vertrauens sollte dich gut kennen. Du musst dir sicher sein und ihr zutrauen können, dass sie deine Interessen durchsetzt und gleichzeitig kooperativ zwischen dir und behandelnden Ärzten sowie gegenüber Ämtern und weiteren relevanten Stellen agiert. Wichtig ist, dass die bevollmächtigte Person gut erreichbar und idealerweise vor Ort ist. Sinnvoll ist auch, dass die bevollmächtigte Person möglichst jünger ist als du. Für den Verhinderungsfall solltest du einen Vertreter oder eine Vertreterin benennen.

Die von dir gewählte Person deines Vertrauens sollte dich gut kennen.

Eine Vorsorgevollmacht ist also eine echte Vertrauensangelegenheit. Daher ist es wichtig, dass ihr euch zuvor und auch regelmäßig immer wieder intensiv über deine Wünsche und Vorstellungen austauscht.

Um der Vorsorgevollmacht Durchsetzungskraft zu geben, sollte sie von einem Rechtsanwalt oder Notar ausgestellt sein. Auf jeden Fall muss der Vollmachtgeber zum Zeitpunkt der Erklärung geschäftsfähig sein, da die Vollmacht ansonsten angefochten werden kann.

Hinterlegung im zentralen Vorsorgeregister

Um sicherzustellen, dass die Patientenverfügung und Vorsorgevollmacht im Ernstfall kurzfristig beschafft werden können, kannst du die Information darüber, dass und wem diese Dokumente vorliegen, gegen eine einmalige Gebühr beim zentralen Vorsorgeregister der Bundesnotarkammer hinterlegen. Den Link dazu findest du im Anhang.

Wenn du beispielsweise ungeplant plötzlich ins Krankenhaus eingewiesen wirst und keine Unterlagen dabeihast oder die von dir bevollmächtigte Person nicht greifbar ist, würde die Klinik eine Abfrage beim zentralen Vorsorgeregister machen und darüber die benötigten Auskünfte bekommen.

Patientenverfügung

In einer Patientenverfügung triffst du Regelungen für den Fall, dass du deinen Willen, welche medizinischen Maßnahmen du wünschst und welche du ablehnst, nicht (mehr) äußern kannst. Dazu muss sie natürlich so konkret wie möglich formuliert sein. Es braucht genaue Angaben, etwa zu lebenserhaltenden Maßnahmen, Schmerz- und

Symptombehandlungen sowie zu künstlicher Ernährung, Beispielsweise: „Ich lehne im Falle einer Krebserkrankung im Endstadium die Ernährung über eine PEG-Sonde (künstliche Ernährung direkt über den Magen-Darm-Trakt) ab." Pauschale Äußerungen wie „Ich will nicht an Schläuchen hängen" reichen nicht aus, da sie zu viel Interpretationsspielraum lassen.

Die Patientenverfügung muss so konkret wie möglich formuliert sein.

Auch deinen gewünschten Ort und die Rahmenbedingungen zu sterben, wie beispielsweise Sterbebegleitung oder seelsorgerische Begleitung, kannst du in einer Patientenverfügung festlegen. Ebenso kannst du persönliche Wünsche formulieren, zum Beispiel, was du auf jeden Fall in ein Hospiz oder Pflegeheim mitnehmen möchtest.

Die Patientenverfügung muss schriftlich vorliegen und tritt in Kraft, wenn du nicht mehr in der Lage bist, für dich selbst zu entscheiden. Bis dahin kannst du sie jederzeit ändern. Überhaupt solltest du sie regelmäßig – etwa alle zwei Jahre – überprüfen und gegebenenfalls anpassen, denn deine Wünsche können sich im Verlauf der Zeit verändern.

Im Internet findest du zahlreiche Anbieter für sogenannte Formularvollmachten zum Ankreuzen. Die Versuchung ist groß, der Einfachheit halber solche Downloads zu nutzen – nach dem Motto: „Besser diese als gar keine Patientenverfügung!" Angesichts der Komplexität medizinischer und rechtlicher Fragen ist die Zuhilfenahme einer fachlich versierten Beratung jedoch wirklich gut investiertes Geld. Zusätzlich solltest du deine Patientenverfügung gründlich mit deinem Hausarzt durchsprechen, der deine Vorgeschichte sicher am besten kennt.

Daniela berichtet folgenden Fall, der noch einmal deutlich macht, wie wichtig sowohl die Patientenverfügung als auch die Vorsorgevollmacht sind und welche Gefahr in Dokumenten steckt, die nicht konkret genug formuliert sind:

Mein Vater hatte über einen Notar eine Vorsorgevollmacht erstellt, in der seine Familie als Bevollmächtigte eingesetzt wurde. Leider aber wurde keine Patientenverfügung aufgesetzt. Mein Vater war insgesamt ca. 22 Jahre krank, die letzten sieben Jahre seines Lebens war er Dialysepatient. Bei einer Routine-Herzuntersuchung im Krankenhaus blieb sein Herz stehen und er wurde an eine Herz-Lungen-Maschine angeschlossen. Wir wussten von dem Wunsch meines Vaters, in einer solchen Situation keine lebenserhaltenden Maßnahmen zu erhalten und bestätigten diesen Willen als Angehörige und Bevollmächtigte gegenüber den Ärzten.

Für uns war die Sache klar. Nicht aber für die Ärzte, denn sie argumentierten, dass auch die Dialyse über Jahre eine lebenserhaltende Maßnahme war und daher davon auszugehen sei, dass auch jetzt von seiner Seite aus alles medizinisch Mögliche gewünscht sei. Erst am nächsten Tag konnten wir im Gespräch mit einem anderen Arzt den Willen unseres Vaters durchsetzen – auch auf Grundlage der vorliegenden Vorsorgevollmacht – und ihn in Ruhe sterben lassen.

Was hätte in diesem Fall geholfen? Natürlich wäre eine Patientenverfügung hilfreich gewesen, aber auch nur dann, wenn sie sowohl den Fall der chronischen Erkrankung als auch akute Notsituationen ausführlich beschrieben hätte. Danielas Beispiel zeigt eindrücklich, welche Gefahr in Formularvordrucken liegt, denn diese decken die individuelle Situation, beispielsweise durch Vorerkrankungen, nicht ab.

Formularvordrucke decken die individuelle Situation, beispielweise durch Vorerkrankungen, nicht ab.

Selbst die beste Patientenverfügung nützt jedoch nichts, wenn sie nicht bekannt ist! Stelle daher deinem Hausarzt sowie deinen Vertrauenspersonen eine Kopie zur Verfügung. Ebenso bei Einweisung ins Krankenhaus. Im Falle einer fortgeschrittenen Erkrankung solltest du deine Patientenverfügung jederzeit bei dir tragen, da dir auch außerhalb deines Zuhauses oder des Krankenhauses etwas zustoßen könnte. Auch eine Karte mit den Angaben zu deiner bevollmächtigten Person solltest du mit dir tragen, damit diese mittels Vorsorgevollmacht Entscheidungen in deinem Interesse treffen dürfen.

Notfallordner: Alles auf einen Griff

Als Bestatterin erlebe ich viel, was die Ordnung von Papieren angeht. Manchmal bringen mir Kunden ordnerweise gesammelte Dokumente der letzten 40 Jahre, manchmal bitten sie mich, eine Kiste voller loser Zettel zu sichten, auf der Suche nach der Sterbegeldversicherung oder der Heiratsurkunde.

Vielleicht schiebst du die Ordnung deiner Papiere für den Fall der Fälle schon lange vor dir her. Jetzt, wo du selbst oder dein geliebter Mensch lebensverkürzt erkrankt oder alt und gebrechlich ist, wird es endgültig Zeit dafür.

Am besten legst du einen Ordner an mit folgenden Rubriken:

- Patientenverfügung und Vorsorgevollmacht
- Impfpass
- Versicherungen
- Verträge, Abos, Konten, Geldanlagen
- falls vorhanden: Bestattungsvorsorge
- Familienbuch
- Medikamentenplan

Lege in diesem Ordner Kopien ab, sofern du das Original bei dir trägst (z. B. Impfpass), ansonsten am besten die Originale, beispielsweise auch die Versicherungspolicen. Beschrifte ihn gut sichtbar mit „Notfallordner“ oder „Letzte Dinge“ oder, wenn es deinen Humor trifft, einfach nur mit einem großen Kreuz!

Erkläre deinen Vertrauenspersonen den Inhalt deines Ordners und zeige ihnen, wo er steht. So haben sie im Fall der Fälle alles direkt griffbereit. Eine riesengroße Entlastung, glaube mir!

Notfalldose

Es ist gut, alle Dokumente und wichtigen Informationen in einem Ordner gesammelt zu haben. Nur ist es für Retter im Notfall meist unmöglich herauszufinden, wo diese Notfalldaten in der Wohnung aufbewahrt werden. Nicht immer ist ein Ansprechpartner vor Ort und selbst dann ist dieser vielleicht vor Aufregung nicht in der Lage, passende Auskünfte zu geben.

> Die Notfalldose spart wertvolle und vielleicht sogar lebensrettende Minuten.

Dafür gibt es die inzwischen bei Rettungsdiensten etablierte Notfalldose – die Lösung steht quasi im Kühlschrank. Du trägst deine Notfalldaten in einen vorgedruckten Zettel ein, der in eine Dose gefügt wird, die du in der Kühlschranktür deponierst. Ein Aufkleber an der Innenseite der Wohnungstür zeigt den Rettern an, dass sie alle erforderlichen Daten im Kühlschrank finden. So werden wertvolle und vielleicht sogar lebensrettende Minuten für die Suche nach wichtigen Informationen gespart.

Unter www.notfalldose.de kannst du die Notfalldose bestellen. Du bekommst sie auch in den meisten Apotheken.

Testament

Jeder Mensch sollte ein Testament machen. Dazu muss man nicht vermögend sein. Und sei es nur der geliebte Schmuck, um den du dir Gedanken machst, wer welches Stück bekommen soll. Ohne Testament kommt es häufig zu Streitigkeiten über die Verteilung von Vermögenswerten. Selbst in den besten Familien hört nämlich leider häufig beim Geld der Spaß auf.

Ist kein Testament vorhanden, gilt automatisch die gesetzliche Erbfolge. Demnach erben zunächst Ehepartner und Kinder. War die Erblasserin nicht verheiratet, erben nur die Kinder. Ist ein Kind bereits verstorben, erben dessen Kinder, also die Enkelkinder des Verstorbenen. Hatte der Erblasser weder einen Ehepartner noch Kinder, geht die Erbfolge in die Generation über ihm. Es erben dann seine Eltern bzw. wenn diese nicht mehr leben, die Geschwister des Erblassers bzw. deren Nachkommen.

Stirbt der Ehe- bzw. Lebenspartner, hängt die Höhe des Erbes für den überlebenden Partner von der vereinbarten Gütergemeinschaft ab. Besonders komplex wird es in der Praxis häufig dann, wenn Kinder nicht aus der gemeinsamen Ehe, sondern aus einer vorherigen des Erblassers stammen.

Du siehst also, es gibt viel zu bedenken, nicht nur, aber besonders in heute so gängigen Patchwork-Lebenssituationen. Du tust also gut daran, dir zu Lebzeiten Gedanken zu machen und unter Zuhilfenahme einer Expertin oder eines Experten für Erb- und Familienrecht ein möglichst wasserfestes Testament zu verfassen.

Um sicherzustellen, dass das Testament im Ernstfall gefunden wird, legst du es am besten in deinem Notfallordner ab. Noch sinnvoller ist in diesem Fall die Hinterlegung bei deinem Notar oder beim Nachlassgericht und ein entsprechender Vermerk in deinem Notfallordner.

> Lege das Testament am besten in deinem Notfallordner ab, um sicherzustellen, dass es im Ernstfall gefunden wird.

Digitaler Nachlass

Hand aufs Herz: Hast du einen Überblick über deine Passwörter zu den unterschiedlichsten Abonnements, Internetdiensten und digitalen Verträgen? Nach einem aktuellen Urteil des Bundesgerichtshofs (BGH) ist der digitale Nachlass ist wie das Erbe von Gegenständen zu behandeln. Das heißt: Alle Rechte und Pflichten des Verstorbenen an Onlinediensten gehen auf die Erben über. Sie können über alle persönlichen Daten des Verstorbenen in E-Mail-Diensten und über seine Konten in sozialen Netzwerken verfügen.

Ohne Passwörter ist es jedoch für die Zurückbleibenden kaum möglich, alle digitalen Spuren zu löschen. Für sie beginnt eine aufwendige und kräftezehrende Suche nach Verträgen, Abonnements, Cloud-Diensten und Co.

DIGITALE DATEN VERWALTEN

Tipp Nr. 1: Durchforste regelmäßig deine Abonnements und lösche, was du nicht mehr benötigst.

Tipp Nr. 2: Erstelle eine Liste mit allen Passwörtern und halte diese aktuell. Die Stiftung Warentest hat ein Muster für eine solche Liste veröffentlicht. Die Liste sollte stets ausgedruckt an einem sicheren Ort oder auf einem verschlüsselten USB-Stick aufbewahrt werden. Oder noch besser, du nützt ein Programm zur sicheren Passwortverwaltung, zum Beispiel **KeePass** oder **1Password**.

Tipp Nr. 3: Benenne eine Person deines Vertrauens, die sich um alle digitalen Angelegenheiten kümmert. Alternativ kannst du das Thema auch in dein Testament aufnehmen.

Google bietet beispielsweise einen Kontoinaktivitätsmanager an. Über ihn können Nutzer Google zu Lebzeiten mitteilen, wer Zugriff auf ihre Daten haben darf und wann das Konto gelöscht werden soll.

Facebook kann Konten in den sogenannten „Gedenkzustand“ versetzen. Außerdem gibt es bei Facebook die Möglichkeit, entweder einen Nachlasskontakt zu benennen, der sich um das Konto im Gedenkzustand kümmern soll, oder festzulegen, dass das Konto dauerhaft gelöscht werden soll.

Die Regelungen und Möglichkeiten zu allen digitalen Themen sind in einem ständigen Wandel und zudem sehr komplex. Hole dir daher bei Bedarf fachkundigen Rat ein. Diesen bekommst du bei der Verbraucherzentrale oder auch bei Expertinnen und Experten für den digitalen Nachlass.

Bankkonten

Verstirbt der Kontoinhaber, stellt die Bank das Konto auf „Nachlass“ um. Bestehende Lastschriften und Daueraufträge werden weiterhin ausgeführt. Sofern das Konto ein Gemeinschaftskonto ist oder Zugehörige eine Vollmacht über den Tod hinaus besitzen, besteht weiterhin uneingeschränkte Verfügungsgewalt über das Konto.

An die Stelle des verstorbenen Kontoinhabers treten die Erben. Diese müssen sich als solche mit einem Erbschein, einem amtlich eröffneten Testament oder einem Erbvertrag legitimieren. Die Bank prüft, weil sie haftbar gemacht werden kann, sehr gewissenhaft die Rechtmäßigkeit von Verfügungen. Kosten für die Beerdigung können unter Vorlage der Originalrechnung auch vor der endgültigen Klärung der erbrechtlichen Situation beglichen werden.

Du merkst, auch bei diesem Thema sind viele Kleinigkeiten zu beachten, die das Leben der Zugehörigen nach dem Tod des geliebten Menschen belasten oder eben erleichtern können. Prüfe daher bitte rechtzeitig, wie die Verfügungsmöglichkeiten für deine Zugehörigen in deinem Todesfall sind.

DANK

Ein Buch zu schreiben ist immer auch ein Gemeinschaftswerk vieler Beteiligter. Ganz allein im stillen Kämmerlein hätte ich den abgesprochenen Umfang niemals erreicht, geschweige denn Inspiration und gut lesbare Formulierungen gefunden.

Ich danke Katja-Maria Koschate vom humboldt Verlag für ihr Vertrauen, mit mir dieses Buchprojekt zu starten. Ohne ihren ersten Anstupser und die Zuversicht, die sie vom ersten Moment an ausstrahlte, hätte ich es wohl nicht gewagt. Überhaupt war die Zusammenarbeit mit dem Verlag herrlich unkompliziert und hoch professionell. Ein herzliches Dankeschön geht auch an meine Lektorin Linda Strehl, die meinem Manuskript einfühlsam und mit dem Blick für wertvolle Details den letzten Schliff verpasst hat.

Meiner Kapitelpatin für die rechtlichen Themen im Kapitel „Rechtliches", Bärbel Amels, bin ich zutiefst dankbar für ihre Expertise und zuverlässige Zusammenarbeit. Es tut gut, für Spezialthemen Profis an der Seite zu haben. Bärbel ist eine echte Bereicherung für alle Themen rund um deine ganzheitliche Vorsorge- und Finanzthemen, schau gern mal unter www.baerbelamels.de bei ihr vorbei.

Der Austausch mit meinen Probeleserinnen Michaela Borowy und Claudia Wolf sowie meinem Probeleser Thomas Zimmermann war eine echte Bereicherung für mich. Danke für eure Zeit und Mühe und für den wertvollen Austausch, durch den ich einige Passagen erst richtig rund schleifen konnte. Es hat mir wirklich Freude bereitet, miteinander um Feinheiten in der Formulierung und Aussagekraft meiner Worte zu ringen.

Den Dank für das, was meine 93-jährige Mutter auch bei diesem Buchprojekt wieder für mich geleistet hat, kann ich kaum in Worte fassen. Mit ihrer Haltung zum Tod, ihrem aufrechten Gang durch die letzte Phase ihres Lebens und ihren unfassbaren Humor ist sie nicht nur Vorbild für mich, sondern auch vielfache Ideengeberin für dieses Buch. Wie schon mein erstes ist auch dieses Buch in weiten Teilen auf meiner Herzensinsel entstanden. Danke, Mama, für unsere wundervollen Aufenthalte auf Föhr, wo du mir mit deiner Fürsorge und Liebe den Rücken zum Schreiben freigehalten hast.

Meiner Hündin Nelly danke ich dafür, dass sie stets achtsam über meine Pausen wacht! Die Gedanken fließen einfach besser, wenn der Kopf zwischendurch gut gelüftet wird.

Meinem Bruder Manfred danke ich für die zündende Idee für das Coverbild. Titel- und Covergestaltung sind immer ein spannender Prozess und am Ende müssen alle Beteiligten damit zufrieden sein. Auch in dieser Hinsicht bin ich sehr glücklich über die Zusammenarbeit mit dem humboldt Verlag.

Ohne den Austausch mit Kolleginnen und Freundinnen wäre dieses Buch nicht möglich gewesen. Allen voran Petra Sutor, die mich beinahe täglich auf meinen Gassirunden begleitet – den wundervollen WhatsApp-Sprachnachrichten sei Dank! Die vielen inspirierenden Gespräche mit Sabine Kreuzberg weiten meinen Blick. Großartig, solche liebevollen Menschen an meiner Seite zu wissen.

Schließlich möchte ich allen meinen Klientinnen und Klienten, die ich vor und nach dem Tod ihres geliebten Menschen begleiten darf, meinen tiefen Dank aussprechen. Mit euch lerne ich jeden Tag mehr, was es heißt, sich auf das Leben mit allen seinen bunten Facetten einzulassen. Zusätzlich haben auch viele Menschen aus meiner Social-Media-Community mir ihr Vertrauen geschenkt, indem ich auch ihre Beispiele in diesem Buch benennen durfte. Euch allen ein dickes Danke dafür!

Dir, liebe Leserin, lieber Leser, danke ich für deinen Mut, dich sehr bewusst mit Sterben und Tod auseinanderzusetzen. Wie schön wäre eine Welt, in der allen Menschen das gelänge, somit der Tod seinen Schrecken verlöre und natürlicher Teil des Lebens würde? Lass uns gemeinsam weiter daran arbeiten!

ANHANG

Hilfreiche Adressen

Christine Kempkes

Auf meiner Webseite findest du alle wichtigen Informationen zu mir und meiner Arbeit als Trauerbegleiterin für Privatpersonen und Unternehmen sowie als freie Trauerrednerin:
www.christinekempkes.de

Meinen Podcast „Liebevoll trauern" findest du dort auch verlinkt. Außerdem ist er überall abrufbar, wo es Podcasts gibt.

In den sozialen Netzwerken findest du mich hier:
www.facebook.com/lebenundtrauer
www.instagram.com/liebevoll_trauern
LinkedIn: Christine Kempkes

Selbsthilfegruppen

Nationale Kontakt- und Informationsstelle zur Anregung und Unterstützung von Selbsthilfegruppen: www.nakos.de

Selbsthilfenetz in Nordrhein-Westfalen: www.selbsthilfenetz.de

Selbsthilfeforum: www.mutmachleute.de/das-mutmachleute-forum

Netzwerk für alle Fragen rund um Vorsorge/Sterben/Trauer

www.bohana.de

Palliative Versorgung

Informationen zur Hospiz- und Palliativversorgung:
www.dhpv.de

Deutsche Gesellschaft für Palliativmedizin:
www.dgpalliativmedizin.de

Lokale Suche nach Palliativangeboten/Wegweiser für die Hospiz- und Palliativversorgung in Deutschland:
www.wegweiser-hospiz-palliativmedizin.de

Hospizliche bzw. palliative Begleitung für Kinder:
www.deutscher-kinderhospizverein.de

Sterbeammen/Sterbegefährten

Eine Liste der nach Claudia Cardinal ausgebildeten Sterbeammen/ Sterbegefährten findest du auf ihrer Webseite: www.sterbeamme.de

Vorsorgeregister

Zentrales Vorsorgeregister der Bundesnotarkammer:
www.vorsorgeregister.de

Informationen zu Testament, Vorsorgevollmacht und Patientenverfügung

Beim Bundesministerium der Justiz gibt es unter „Publikationen" verschiedene Broschüren, Formulare, Muster und Vordrucke:
www.bmj.de

Erinnerungsschmuck

Aus Stahl: www.nanogermany.de/kollektionen/nano-lifelines

Aus Porzellan: www.rimaneo.de/erinnerungskunst

Fuß-, Hand- und Pfotenabdrücke: www.foya.de

Trauer- und Erinnerungsbuch zum Selbstausfüllen

Anja Plechinger: Im Herzen vieler, Edition Trostkunst: www.editiontrostkunst.de/shop/licht-im-dunkel

Urnen

Barbara Billy Bürckner gestaltet Urnen nach Kundenwunsch: www.windflug.com

Ina Hattebier schafft Urnenunikate: www.andere-urnen.de

Texte für die Trauerfeier

Wedde, Giannina (2018): In deiner Weite lass mich Atem holen. Segensworte für die Lebensreise. Vier Türme.

Wedde, Giannina (2019): Es wächst ein Licht in deinem Fehlen. Ein Trost- und Trauerbuch. Vier Türme.

Eine umfassende Sammlung von Gedichten und Geschichten gibt es auch auf der Seite von Alwine Deege: www.mori-abschied.de unter „Abschiedsfeier“ – „Trauertexte“.

Hilfreiches für den Umgang mit pflegebedürftigen Eltern

Küpper, Michaela (2022): Entscheidung Pflegeheim. Praktischer Begleiter in einer herausfordernden Lebenssituation. Selbstverlag.

Wieschalla, Petra (2022): Überlebenstipps für Elternkümmerer. Eltern begleiten. Fallen vermeiden. Ernst Reinhardt Verlag.

Quellenangaben und Literatur

Albom, Mitch (1998): Dienstags bei Morrie. Goldmann.

Bambaren, Sergio (1999): Der träumende Delphin. Eine magische Reise zu dir selbst. Piper.

Bausewein, Claudia; Simader, Rainer (2020): 99 Fragen an den Tod. Leitfaden für ein gutes Lebensende. Droemer.

Cardinal, Claudia (2007): Lebe und lerne sterben. Ein Praxisbuch. Patmos.

Cuno, Jörg: Facebook-Post auf der Seite der PalliVIVO GmbH, abgerufen am 16.6.2022.

DeLeo, Kirsten (2020): Ganz da sein, wenn ein Leben endet. Achtsame Sterbebegleitung. Ein Handbuch. edition steinrich.

Deutsche Gesellschaft für Palliativmedizin: www.dasistpalliativ.de

Dinkel, Sabine (2017): Krebs ist, wenn man trotzdem lacht. Wie ich von heute auf morgen Krebs hatte und wieder zu neuem Lebensmut fand. humboldt.

Dinkel, Sabine (2020): Gute Tage trotz Krebs. Ein humorvolles Ausfüll- und Mutmachbuch rund um eine doofe Diagnose. humboldt.

Frisch, Max (1979): Tagebuch 1966–1971. Suhrkamp.

Gottschling, Sven mit Amend, Lars (2016): Leben bis zuletzt. Was wir für ein gutes Sterben tun können. Fischer.

Kempkes, Christine (2020): Mit der Trauer leben lernen. Impulse für eine neue innere Balance. Junfermann.

Kübler-Ross, Elisabeth (2012): Über den Tod und das Leben danach. Silberschnur.

Mehne, Sabine (2016): Der große Abflug. Wie ich durch meine Nahtoderfahrung die Angst vor dem Tod verlor. Patmos.

Nolde, Marianne (2022): Elf Tage und ein Jahr. Über das Abschiednehmen von meiner Mutter. Pinguletta.

Paul, Chris (2010): Schuld – Macht – Sinn. Arbeitsbuch für die Begleitung von Schuldfragen im Trauerprozess. Gütersloher Verlagshaus.

Schneider, Regine (2010): Ich möchte sterben, wie ich gelebt habe. Gespräche über den Tod. Patmos.

Schroeter-Rupieper, Mechthild (2020): Für immer anders: Das Hausbuch für Familien in Zeiten der Trauer und des Abschieds. Patmos.

Schroeter-Rupieper, Mechthild (2020): Geht Sterben wieder vorbei? Antworten auf Kinderfragen zu Tod und Trauer. Gabriel.

Walser, Martin (1991): Lektüre zwischen den Jahren. Suhrkamp.

REGISTER

A

Abschied 114
– am Sarg 62, 168
– bewusst erleben 42, 114
– -(s)rituale 166
ambulanter Hospizdienst 57, 139
Angst 17
Ärger 35
Atemübungen 68
Audio 118
Aufbahrung 168
Aussöhnung 94

B

Bankkonto 184
Baumbestattung 158
Begleitung
– professionelle 56
Beisetzung 152
Bestattung 152
Bestattungsunternehmen 150
Bestattungswald 154, 158
Briefe 116

D

Diagnose, lebensverkürzende 16
digitaler Nachlass 182
Druck 21

E

Endlichkeit 16, 43, 51
Erdbestattung 156
Erinnerungen 31, 112
Erinnerungskiste 120
Erinnerungsschmuck 122
Erstarrung 20

F

Feuerbestattung 156
Filmaufnahmen 118
finale Lebensphase 123
Fotobuch 120
freie Zeremonie 160
Frieden schließen 92
Friedhof 157
Friedhofszwang 154
Friedwald 158

G

Gespräche am Lebensende 118
Gottesdienst 160
Grabarten 157

H

Hausaufbahrung 149
Hoffnung 29, 87
Hospiz 132
– stationäres 135
– Tages- 136
Hospizdienst, ambulanter 57, 139
Humor 89

I
Imaginationsübung 70

K
Kerze selbst gestalten 172
Kinder 100
kirchliche Trauerfeier 160
Kochrezepte 120
Kommunikation 74
– mit Kindern 100
– ohne Worte 140
Konflikte 92
Kontrollverlust 20
Körperübungen 66
Kraftquellen 23
Krematorium 173
Kriminalpolizei 151

L
Lebensende 43
Lebensfazit 116
Lebensphase, finale 123
Leichengift 149
Lieblingsrezepte 120
Luftbestattung 159

M
Musik 121, 142, 163

N
Nachlass, digitaler 182
Nahtoderlebnisse 61
Notar 176
Notfalldose 180
Notfallordner 179
Notfallübungen 66

P
Palliativmedizin 123
Palliativversorgung 133
Patientenverfügung 176
Perfektionismus 21
Playlist 121, 142
professionelle Begleitung 56

R
Rechtsanwalt 176
Reden über den Tod 75
Ressourcen 114
Rituale 80, 166
– Vergebungs- 97
Rückschau 116
Ruheforst 158

S
SAPV-Teams 137
Sarg
– -beigaben 170
– selbst gestalten 171
Scham 40
Schockstarre 20
Schreiben 115
Schuld 37
Seebestattung 159
Selbstfürsorge 23, 24
Selbsthilfegruppen 18
Selbstmitgefühl 21, 24
Selbstwirksamkeit 36
Sprechen über den Tod 75
Starre 20

Stationäres Hospiz 135
Sterbeammen/-gefährten 58
Stressregulation 66

T

Tageshospiz 136
Techniken zur Beruhigung 66
Testament 181
Todesbescheinigung 150
Tonaufnahmen 118
Totenschein 150
Trauer 27
Traueranzeige 173
Traueraufgaben 29
Trauerfeier 160
– Dekoration 164
– kirchliche 160
– Musik 163
– Ort 162
Trauerrituale 166

U

Überforderung 21
Überführung 150
Übungen zur Beruhigung 66
Unausgesprochenes 92
Unterlagen, wichtige 179
Unterstützung 53
Urne
– Beigaben 170
– selbst gestalten 171

V

Vergebung 94
Vergebungsritual 97
Video 118
Vorsorgevollmacht 175

W

Wut 35

Z

Zeremonie 160
zu Hause sterben 132

Empfehlen und gewinnen!

Hat dir dieses Buch gefallen?

Dann empfiehl es bitte weiter und schreib eine aussagekräftige Bewertung in einem Buch-Shop deiner Wahl, auf deinem Blog oder in den Sozialen Medien. Aus der Bewertung sollte hervorgehen, was dir an dem Buch gefallen hat und für wen es besonders geeignet ist.

Als Dankeschön verlosen wir jeden Monat unter allen, die mitmachen, fünf humboldt-Ratgeber – mit etwas Glück bist auch du mit deinem Wunschtitel dabei.

Um an der Verlosung teilzunehmen, schick uns einfach den Link zu deiner Buchbewertung sowie deinen Wunschtitel aus unserem Programm an: presse@humboldt.de.

Bibliografische Information der Deutschen Nationalbibliothek
Die Deutsche Nationalbibliothek verzeichnet diese Publikation in der deutschen Nationalbibliografie; detaillierte bibliografische Daten sind im Internet über https://dnb.de abrufbar.

ISBN 978-3-8426-4253-9 (Print)
ISBN 978-3-8426-4254-6 (PDF)
ISBN 978-3-8426-4255-3 (EPUB)

Abbildung: stock.adobe.com/SaturnO_27: Seite 34

Originalausgabe

Die Ratgebermarke der Schlüterschen Fachmedien GmbH
Hans-Böckler-Allee 7, 30173 Hannover
www.humboldt.de
www.schluetersche.de

Lektorat: Linda Strehl, wort & tat, München
Covergestaltung: ZERO, München
Covermotiv: shutterstock / Valentin Agapov
Satz: PER MEDIEN & MARKETING GmbH, Braunschweig
Druck: gutenberg beuys feindruckerei GmbH, Langenhagen

Gedruckt mit mineralölfrei hergestellten Druckfarben und Strom aus erneuerbaren Energien. Die eingesetzten Klebe- und Bindestoffe entsprechen den derzeitigen Umweltstandards, die vom RAL Institut für Gütesicherung und Kennzeichnung geprüft wurden. Die Druckplattenentwicklung erfolgte mit reduziertem Einsatz von Chemikalien.

Klimaneutral
Druckprodukt
ClimatePartner.com/10951-2312-1003